万 物 有 哲 学

生命的故事

严春友 文

央美阳光 图

青岛出版集团 | 青岛出版社

图书在版编目（CIP）数据

万物有哲学.1,生命的故事 / 严春友文；央美阳
光图. -- 青岛 : 青岛出版社, 2023.3
ISBN 978-7-5736-0828-4

Ⅰ. ①万… Ⅱ. ①严… ②央… Ⅲ. ①哲学 – 儿童读
物 Ⅳ. ①B-49

中国国家版本馆CIP数据核字(2023)第024617号

WANWU YOU ZHEXUE

书　　　名	**万物有哲学**
分　册　名	生命的故事
文　　　字	严春友
插　　　图	央美阳光
出 版 发 行	青岛出版社
社　　　址	青岛市崂山区海尔路 182 号（266061）
本 社 网 址	http://www.qdpub.com
邮 购 电 话	0532-68068091
责 任 编 辑	周　莉
印　　　刷	青岛新华印刷有限公司
出 版 日 期	2023 年 3 月第 1 版　　2023 年 3 月第 1 次印刷
开　　　本	16 开（787 mm × 1092 mm）
印　　　张	12
字　　　数	200 千
书　　　号	ISBN 978-7-5736-0828-4
定　　　价	128.00 元（全 4 册）

编校印装质量、盗版监督服务电话 4006532017 0532-68068050

序 言

哲学并不是空中楼阁，它来自现实生活。可能哲学家们的表达过于专业和深奥，让人觉得哲学似乎高不可攀。但实际上，只要稍加观察和思考，我们就会发现生活中处处有哲学，很多哲学道理不必借助于哲学概念也是可以体会到的。

小朋友虽然也可以提出一些有哲学味道的问题，但抽象思维能力还比较低，难以理解哲学的概念。因此，《万物有哲学》采取了将哲学道理寓于故事之中的讲述方式，用感性的语言来表达抽象的道理。通过这样一种讲述方式，小朋友们就可以从生动形象的故事中体会到深奥的哲理。

本册讲的是生命的故事。这些故事告诉我们生命是从哪里来的，生命是怎样进化的，人类是怎样变成现在这个模样的……

地球上本来一片荒凉，什么生物也没有。可是，从这荒芜的星球上竟然"长出"了如此多样的生命，实在是一个奇迹！理论上来说，宇宙中有无数星系，这些星系中也有很多与地球一样的行星，那里可能也有生命，甚至可能有比人类更高级的文明，因为很多星系比太阳系存在的时间要长得多。然而，到目前为止，人类还没有发现宇宙其他星系里有任何生命的迹象。

地球生命的祖先，从比灰尘还微小的生命演变为各种巨大的动物、植物。让人惊奇的是，我们人的成长历程就是这一漫长演化史的缩影。我们每个人都是从微小得肉眼不可见的生命——受精卵成长起来的，而我们在母腹中的十个月，重演了生命进化的历史。人类的胚胎经历了不同的发育阶段，最后发育成人。

生命演化的历程表明，生命不是从来就有的，而是经历了从无到有的过程；生命的出现和发展依赖于非常特殊的环境，一旦环境发生巨大的变化，有些生命就会消失，只有那些更能适应环境的生物才能够存活下来。

目　录

石头"开花"

石头会开花？是的！石头不仅会"开花"，而且还会"说话"！

地球曾经是一块冷却了的"大石头"，生命就是从这块石头里"长"出来的。

在漫长的历史中，从这块"石头"里"长"出了植物、动物等各种生物。植物生根发芽、开花结果；动物在海里遨游，在地上爬行，在天空飞翔……还进化出了会说话的人。

让我们回到很远很远的过去，看看生命是从哪里来的吧。

哲学思考

哲学可不仅仅是哲学家的专利，我们每个人都有自己的思考。我是谁？我从哪里来？我要到哪里去？你是不是也这样问过爸爸妈妈？其实，提问的那一刻，你就已经是在像哲学家一样思考哲学的大问题了。

火山猛烈地喷发，
岩浆喷薄而出。

山崩地裂

在遥远的46亿年前，地球就像一个刚出生的婴儿，一切都很原始。

火山不断喷发，喷出的熔岩像节日的礼花，映红了夜空；大地剧烈震动，炙热的岩浆到处流淌；火山灰像厚厚的乌云一样遮天蔽日，有毒气体笼罩在天地之间。

火山活动产生的气体构成了地球的原始大气层圈。

另外，经常有外来的陨石或小行星撞向地球。撞击的威力像无数原子弹爆炸，在地球上形成了又深又大的坑。

五六亿年过去了，地球慢慢冷却下来。不过，那时整个地球还是光秃秃的，凹凸不平，有高山、平原、河床和海盆，地上布满了砂石，炎热又干燥。

假如穿越回去，面对这样一个地球，你能想象它会孕育出树木、动物和人类吗？

哲学思考

《道德经》中有句话："天下万物生于有，有生于无。"这句话的意思是天下万物都是从看得见的东西中产生的，而看得见的东西又是从看不见的东西中产生的。地球上的生命就是这样从无到有，这看似艰难，却又非常自然。

小行星撞出的深坑

生命的开端

地球冷却下来以后，倾盆大雨就开始了，据说这雨下了一千万年！

天空电闪雷鸣，地上洪水奔流，所有的盆地都积满了水，形成了早期的海洋。

科学家们普遍认为，大约38亿年前，生命从海洋里诞生了。

最早的生命可能是古生菌。古生菌极其微小，用显微镜才可以看到。

古生菌不呼吸氧气（当然，那时候地球上也没有氧气），它们喜欢在温度特别高的地方生活，比如海底热泉附近。

　　古生菌是不是变成了别的生命，又是如何变成的，科学家还没有定论。

哲学思考

　　古生菌如今仍然存在着，科学家能在高温、高酸等极端环境中发现它们的身影。这实在令人惊奇——它们如此渺小，却又那么了不起。这些小家伙儿展现着历经磨难却生生不息的生命力。

显微镜下的
古生菌

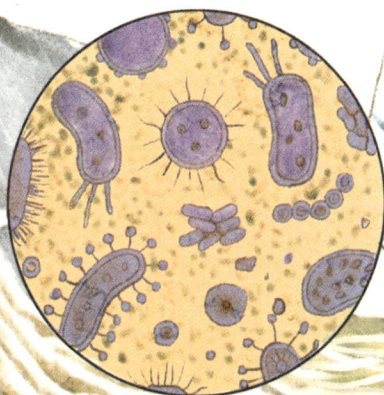

蓝藻与氧气

时间又过去了几亿年，大约 36 亿年前，地球上出现了另一种生命——蓝藻。

蓝藻也是一种极其微小的生物，但当大量蓝藻聚集到一起时，海水会被它们"染"成不同的颜色。

蓝藻可以进行光合作用，释放出氧气，而地球上几乎所有动物都依赖氧气生存，所以，蓝藻是地球生命的功臣。

在接下来的近 20 亿年的时间里，地球上的生命形态没有很大的变化，一直是蓝藻统治着地球。

哲学思考

　　蓝藻极其微小，是最简单的生命体。一棵草、一只小鸟、一个人都可能是经由它演化而来的。所以有人说，伟大往往源于最渺小的开端。世间万物是发展变化的，哪怕微小的力量也不可忽视。

雪球地球事件

地球生命在进化的过程中经历了无数的巨大灾难，每一次灾难中都有很多物种灭绝，而那些幸存下来的生命积聚力量，慢慢壮大，再次繁荣。

大约在距今8亿至5.5亿年之间，发生了地球史上最严重的冰期事件，气温骤然下降，整个地球冻成了一个大雪球，连赤道附近都结了冰，大多数生物灭绝。

雪球地球时期，在深海热泉附近，在冰层之下，仍有部分物种存活下来，进化成新的物种，使地球生命得以在冰封中延续。

哲学思考

即使极其严酷的条件也没能阻挡住生命前进的步伐。地球生命的祖先们百折不挠，进化出了与环境相适应的器官和生存能力。

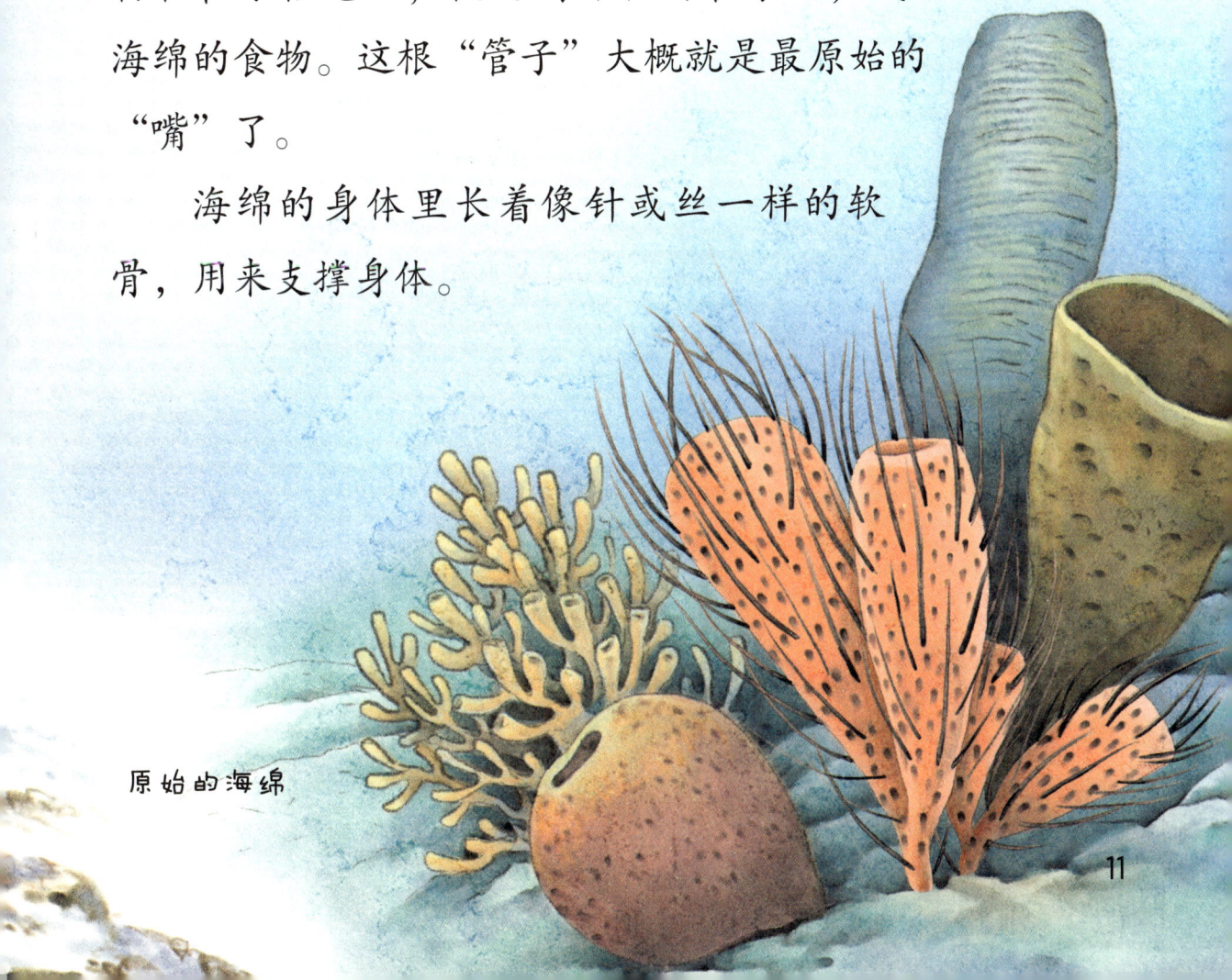

第一张"嘴"出现

6亿年前，海洋里出现了最早的多细胞动物之一——海绵动物。海绵可以四处游动，也可以固定在一个地方，它们看起来像植物，实际上却是动物。

海绵长得非常简单，没有头和心脏，没有大脑和真正的嘴。它们怎么吃东西呢？海绵有一根鞭子似的鞭毛，可以将水吸进去再喷出来。在这个过程中，水中的微生物粘在了鞭毛上，被送到环状的管子里，成了海绵的食物。这根"管子"大概就是最原始的"嘴"了。

海绵的身体里长着像针或丝一样的软骨，用来支撑身体。

原始的海绵

早期动物的器官不像现在这样多种多样，大脑、眼睛、耳朵、鼻子、肠胃、四肢等等不是从来就有的，而是后来慢慢演化出来的。

哲学思考

　　海绵看起来像植物，实际上却是动物，这样的外表非常具有欺骗性。在今天的动物世界，有许多动物用这种"伪装"来保护自己，躲避天敌。我们在生活中要透过现象看本质，去伪存真。

文德动物

鱼的祖先

以文昌鱼为代表的低级脊索动物被认为是鱼类的祖先。文昌鱼在今天的海洋里还可以看到，堪称古老脊索动物的活化石。

文昌鱼形状像鱼，却不是鱼，它们比鱼类更原始。别看文昌鱼只有指头那么小，却属于一类了不起的动物，它们开辟了一个新的时代——从无脊椎动物向着脊椎动物的方向进化，而这个方向的未来之一便是人类。

文昌鱼没有明显的头部，没有心脏和大脑。"眼睛"只是一个黑点，没有眼球。

文昌鱼的皮肤薄得几乎透明，有一条纵贯全身的脊索作为支撑身体的支架。

当原始脊索动物富有弹性的脊索进一步演变为更加灵活的脊柱，脊椎动物就产生了。

文昌鱼形状像鱼，却不是鱼。

哺乳动物松鼠

原始人类

爬行动物恐龙

从此，动物的演化进入了新的阶段——从鱼类到两栖类，从两栖类到爬行类，再到鸟类和哺乳类动物，而哺乳类动物的顶端就是人类。

哲学思考

事物的发展总是从简单到复杂。两千多年前的古希腊哲学家阿那克西曼德就说过，人是从鱼变来的。以文昌鱼为代表的低级脊索动物虽然距离变成人还很遥远，却是生物演化史上必不可少的阶段。以现在的标准来看，它很简单，然而，没有这个简单的阶段，就不可能有以后复杂的脊椎动物出现。

两栖动物笠头螈

矛尾鱼

盾皮鱼

14

三叶虫称霸海洋

大约 5 亿 4 千万年至 4 亿 8 千万年前这段时间里，地球上"突然"出现了大量海洋无脊椎动物，被称寒武纪生命大爆发。其中，数量最多的要数三叶虫，所以寒武纪也被称为三叶虫时代。

三叶虫已经是进化得相当完善的动物：有头部、胸部、尾部，头上有须子，有眼睛、嘴巴和简单的脑，只是没有颈。

三叶虫有坚硬的外壳，没有脊椎，所以属于无脊椎动物。

各种各样的三叶虫

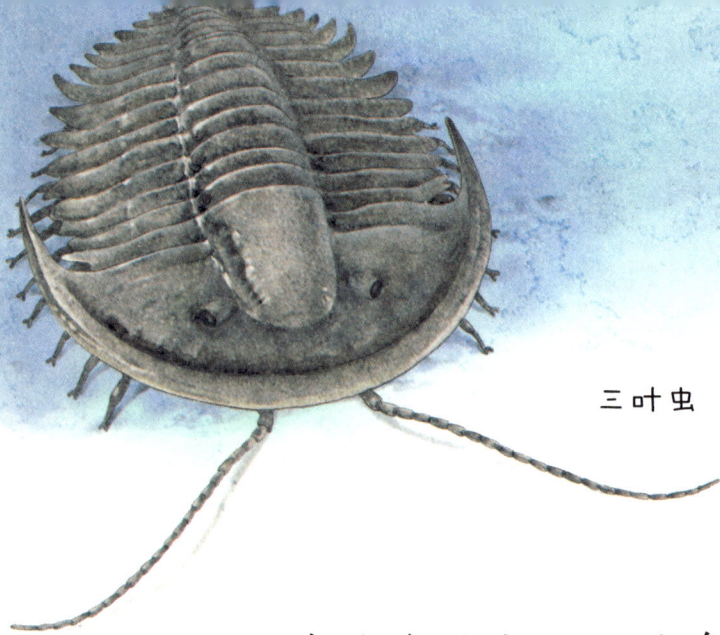

三叶虫

三叶虫有许多种类，小的身长只有几毫米，大的长达 20 厘米。

三叶虫在海洋中称霸 3 亿多年，但最终全部灭绝。数量庞大的三叶虫死去以后，留下大量化石。这些化石上，三叶虫的形状如同小燕子，所以这些化石被称为"燕子石"。

哲学思考

三叶虫曾经称霸海洋，而现在我们只能在博物馆里才能看到它们的化石。古希腊哲学家赫拉克利特说过，万物都在变化，唯有变化是永恒的。这似乎是一个非常浅显的道理，又似乎很深奥。正是因为万物都在变化，才会出现如此复杂的生命，才会有我们人类。

陆生植物的始祖

大约 4.4 亿年前，最早的蕨类植物出现在陆地上。这是第一种直立起来的植物。它没有叶子和根，靠管状的枝进行光合作用，个子矮小，大约 5 厘米高。它被认为是除了苔藓类植物外，所有陆生高等植物的始祖。

蕨类植物很快覆盖了大地，后来进化成了高大的树木，长到四五十米高也很常见。

光蕨类植物

由于剧烈的地壳运动，大部分蕨类植物森林被埋到地下，最终变成了煤炭。所以，这段时间被称为"石炭纪"。

植物是整个生物界的基础，它们为动物提供了食物和氧气。植物吸入二氧化碳，排出氧气，而动物吸收氧气，排出二氧化碳，两者相互依存。

哲学思考

我国古代哲学家老子在《道德经》中说过："道生一，一生二，二生三，三生万物。"意思是万物都是道的产物，这是一个从无到有、由一而多的过程，植物的演化就体现了这样的规律和逻辑。

现存的蕨类植物——木贼

巨虫时代

大约 4 亿年前，昆虫的祖先从海里爬上岸，逐渐进化出了各种各样的昆虫。

最初的昆虫是没有翅膀的，后来多数昆虫长出了翅膀。另外一些昆虫学会了在土壤里生活，比如蚂蚁。

石炭纪时期的昆虫特别巨大。有的远古巨蜻蜓跟鹰一般大，蟑螂的体形堪比老鼠。所以，石炭纪也被称为"巨虫时代"。

生活在土壤里的蝉的幼虫

这些巨虫的身体构造也很奇特，它们身上有很多气孔，可以直接从空气中吸入氧气。气孔多，吸入的氧气多，虫体也就长得更大，生存竞争力更强。

后来随着氧气减少，这些大型昆虫逐渐灭绝了。

哲学思考

万物普遍联系。石炭纪的昆虫因氧气多而强大，又因缺氧而灭亡。这表明事物之间是紧密联系和相互依赖的，每一个事物的存在与发展都离不开别的事物，没有任何一个事物可以独自存在。可以说，每一个生命都与整个地球乃至宇宙是一体的，每一种生命样态都与地球环境乃至宇宙状态有密切的联系。

巨蜻蜓

两栖动物诞生

甲胄鱼化石

大约在 5 亿年前，鱼类诞生了，带壳的甲胄鱼、能用鳔代肺呼吸的肺鱼……海洋里更加热闹起来。

鱼类的繁荣持续了 1 亿多年，后来，一颗小行星击中地球，坠入大海，给地球带来了巨大的灾难，大量的海洋生物灭绝了。

有些幸存的鱼勇敢地到陆地上冒险，寻找食物和生存机会。渐渐地，它们进化出了四肢和肺。第一批两栖动物诞生了。

到 2.5 亿年前的二叠纪末期，大多数两栖动物灭绝了，存活到现在的只有少数几种，如青蛙、蟾蜍以及蝾螈。

两栖动物爬上陆地，预示着一个伟大时代——爬行动物时代即将到来。

哲学思考

生命脆弱而又坚强。生物会有繁盛时期，也会经历灭绝。地球环境的巨大变化，使地球生命时刻面临着"生存还是死亡"的挑战。但是，地球上的生命从来没有停止演化的脚步。它们一面适应着地球的环境，一面也在改造着地球的环境。

鱼石螈

23

爬行动物出场

大约 2 亿 5 千万年前，正当地球上的生命欣欣向荣的时候，发生了地球历史上最大规模的生物灭绝事件，全球有 96% 的物种灭绝。繁盛了几亿年的三叶虫、海蝎、大蜻蜓全部绝灭，珊瑚和海百合也大量绝种。

经过几百万年的沉寂后，地球上又热闹起来。这一次，是爬行动物的繁荣发展期。

首先出场的是已知最古老的爬行动物之一——林蜥。接着出场的是已知最早的双孔类爬行动物——油页岩蜥。

当然，最终占据了舞台中心的重量级"主角"，是中生代的陆地霸主——恐龙。听，它吼叫着来了！

哲学思考

物种灭绝是一种自然现象。然而，大自然强大的自愈能力远远超过我们的想象，过去历次物种大灭绝后，生物界总能从灾难中恢复过来，演化出新的物种。生命演化的场景，构成了地球上最为壮观的"表演"。

恐龙由原始爬行动物进化而来。

林蜥

油页岩蜥

恐龙时代

　　恐龙大约出现于 2 亿 3500 万年前的三叠纪晚期，并在中生代盛极一时。那时，地球上到处可以看见恐龙的身影，它们有的庞大如轮船，有的小巧如飞鸟……

　　吃草和树叶的恐龙虽然体形庞大，胆子却特别小。它们得时刻防备着食肉恐龙的袭击，一有动静就躲进水里或者跑到树林深处。

高大的植食恐龙

背上有"剑板"的剑龙

那些食肉的恐龙就不同了，它们像强盗一样横冲直撞。但是，它们也有弱点。霸王龙身长约 12~15 米，重约 6~8 吨，头高可达 6 米，体形庞大，然而它们难以捉到小型的动物，因为它们走起路来震得地动山摇，还没到小动物身边，小动物就被吓跑了。

凶猛的霸王龙

头上长角的角龙

动作敏捷的小型恐龙

27

这样的庞然大物竟然是从蛋里生出来的。恐龙妈妈把恐龙蛋埋在泥沙或落叶里，过一段时间，小恐龙就破壳而出。如今，在世界上很多地方都发现了恐龙蛋的化石。

　　恐龙在大约 6500 万年前灭绝了。它们那么强大，怎么会灭绝呢？

　　有科学家推测，那时有一颗小行星击中了地球，坠落在现在的中美洲地区。这次撞击引发的爆炸产生了大量烟尘，遮天蔽日，植物因

恐龙蛋

无法进行光合作用而大量死亡，
地球上接近一半的物种灭绝了，
身体庞大的恐龙自然在劫难逃。

哲学思考

　　事物都有一个从产生到消亡的
过程，生命的消逝是自然的一部分。
即便是强大的恐龙，在白垩纪末期，
也走向了灭亡。

恐龙帝国走向了末日。

种子诞生

在大约 2.8 亿年前，从某些蕨类植物中演化出了新的物种——裸子植物。

裸子植物创造出了繁殖后代的一种新方式——种子。由于它们的种子没有果皮包裹，裸露着，所以它们被称为裸子植物。

我们现在能看到的松树、柏树、银杏、水杉、苏铁都是裸子植物。裸子植物不会开花，没有果实。所以，不要把银杏树上的白果当成果实啦，白果只是种子而已。

果实拥有果皮和种子，是后来出现的高等种子植物——被子植物特有的生殖器官。我们常吃的花生、桃子等，都是果实。

种子的出现是非常重要的事件。种子植物与动物之间建立起了一种互利的新型

种子蕨化石

裸子植物马尾松

银杏

白果

关系，它们为动物提供食物，动物在食用种子的同时也帮助植物传播了种子，促进其繁衍。

哲学思考

事物发展是内因与外因共同作用的结果，内因起决定性作用。每一粒种子都在努力发芽，每一棵植株都在努力生长。植物的生存哲学是不会因为自己力量微弱，就失去生长的勇气，它们都会努力地生长。

红豆杉

目前已知的最早的开花植物辽宁古果复原图.

辽宁古果化石

花朵初开

约 1.45 亿年前，最早的真正的花在地球上开放了。有了花朵，森林和草地的颜色不再单一。

开花的植物是被子植物。花蕊有雌雄之分，必须经过传粉才能产生种子，植物自己往往很难完成传粉。因此，许多花朵分泌花蜜，散发出香气，吸引昆虫和鸟来传粉。

比如，桃花盛开时，会散发阵阵清香，吸引成群的昆虫前来采蜜。当花粉经由昆虫从一朵花带到另一朵花，就完成了传粉。这样，花朵凋谢后就能结出又甜又香的桃子了。

桃花

蜂鸟

被子植物为昆虫提供花蜜，昆虫为被子植物传播花粉。它们互惠互利，促进了彼此繁荣发展。

哲学思考

"一花一世界，一叶一菩提。"通过小小的一朵花、一片叶子就可以窥探到大千世界的普遍规律。宇宙间的奥秘，就在一朵寻常的花中，在一片寻常的叶子中。从一个微小的个体生命中可以看到整个物种的生命力。世界在哪里？就在那一枝一叶上。

始祖鸟

鸟类出现

在距今大约 1.5 亿年前的侏罗纪时期，地球上出现了最早的鸟——始祖鸟。

始祖鸟同时具有鸟类和恐龙的特征。它的身上长满了羽毛，有喙和翅膀，翅膀已经具有了很多现代鸟类的特征。始祖鸟的身上还留有爬行动物的痕迹：嘴里有牙齿，翅膀上残留着爪子。

始祖鸟化石

几维鸟

后来，恐龙灭绝了，始祖鸟存活了下来。此后，经过漫长的时间，各种鸟儿陆陆续续出现了。从此，空中多了许多飞来飞去的活跃身姿，森林里也多了此起彼伏的百鸟鸣唱。

山斑鸠

啄木鸟

哲学思考

树有根，水有源。鸟类也有它的起源。始祖鸟的发现，有力地证明了鸟类是由爬行动物进化而来的。和其他生物的发展和进化一样，鸟类也是由低级到高级，由简单到复杂，经过漫长的过程进化而来的。

画眉

天鹅

麻雀

企鹅

松鸡

35

哺乳动物

哺乳动物在恐龙时代就已经出现了，只是在恐龙灭绝以后，它们才获得发展的机会。

哺乳动物的幼崽需要母亲的乳汁来喂养。哺乳动物的身体分为头、颈、躯干、四肢和尾巴五部分。它们行动敏捷，生存能力比以往的动物强得多。

由于要共同抚养后代，许多哺乳动物会组成"家庭"，大家生活在一起。这样不仅使得更多后代存活下来，幼崽还可以从父母那里学到生存的经验。这些本领都是低级的爬行动物没有的。

最早的哺乳动物是从爬行动物演变来的。已知最早的哺乳动物是四方巴西齿兽，它们出现在约 2.25 亿年前，

犬齿兽

座头鲸

现在早已灭绝。随后出现的是犬齿兽、中华侏罗兽、冠齿兽等，它们后来也都灭绝了。

不同种类的哺乳动物有的变成了食草动物，在草原上奔驰，如三趾马、草原马；有的以森林为家，如猴子和我们的祖先古猿；有的重新回到了海里，如海豹、海豚和鲸鱼。

冠齿兽

古猿

整个地球生机勃勃，一片欣欣向荣。但是，这样的日子持续到更新世末期，地球上的大型哺乳动物遭受了灭顶之灾，到约1万年前时，70%以上的大型物种都消失了。

西瓦兽

袋狮

历史上灭绝了的哺乳动物可以列出一个长长的名单：长毛象、披毛犀、大角鹿、洞熊、剑齿象、袋犀、袋狮……

哲学思考

万物同源，动植物和人一样重要，地球上的万事万物是相互联系的。随着越来越多的物种走向灭绝，生态系统的平衡被打破了，这对人类和地球都有很大的影响。地球不仅属于人类，也属于其他生物，人类与自然万物唇齿相依。

史前人类正在捕杀猛犸象。

人类出场

作为哺乳动物的一种，人类经历了漫长的时间才进化成现在的模样。

大约在 5500 万年前，猿类出现了。后来出现的森林古猿被认为是人类和现代猿类的共同祖先，它们生活在距今 1250 万年到 1000 万年之间。

更晚出现的南方古猿处于古猿向人类进化的过渡阶段，外貌已经很像现在的人类了。他们生存于距今大约 420 万年前到 140 万年前的非洲。

史前人类学会了使用和制造工具。

南方古猿已经不像森林古猿那样生活在树上，而是到了更开阔的地带活动。南方古猿会使用天然的工具，并能够直立行走。直立行走是人和猿之间的分水岭。

人类没有尖利的牙齿和锋利的爪子，与其他动物比起来似乎处于劣势，但人类学会了群居生活，相互合作，寻找食物和防范其他动物的攻击。

我们现代人被称为晚期智人。现代人有复杂的语言、严密的社会制度和多样的文化。

史前人类合作猎捕大型动物。

从人类进化图中可以看出从猿到人变化的方向：猿类已经失去了尾巴，身体由弯曲到直立，脑越来越大，嘴巴变短，五官聚集到脸部的平面上，体毛减少，手臂变短。最后，变成了穿着漂亮衣服的现代人。

哲学思考

人是从哪里来的？人是什么？自古以来，哲学家们就爱讨论这两个话题。古希腊大哲学家亚里士多德说："人是理性的动物。"中国古代的先哲孟子认为，人和动物的区别是道德，只有道德才是人之为人的最高标志。

从猿到人的演变。

未来的人类

回顾整个生命的进化史，可以发现：生命不是从来就有的，而是从无到有；生命又是不断变化的，有的消失，有的出现。

那么，将来人类会变成什么样子呢？

有人推测，人的大脑会越来越大，前额突出，小小的身子上顶着一个大大的脑袋。

有人设想，未来人类的所有器官都可以更换为人造器官，如同变形金刚那样，可以长生不老。

还有人设想，人类将离开地球，到其他星球上居住，甚至飞出太阳系，到别的星系寻找新的家园……

你觉得将来人类会变成什么样子呢？

哲学思考

法国著名的哲学家笛卡尔说过，我思故我在。人们很早就开始思考未来的人类或者人类的未来，很多科幻电影便是以此为题材。其实，"现在"就是曾经的"未来"，我们现在的每一个进步都在创造着未来。

万 物 有 哲 学

神奇的植物

严春友 文

央美阳光 图

青岛出版集团 | 青岛出版社

图书在版编目（CIP）数据

万物有哲学 . 2, 神奇的植物 / 严春友文；央美阳
光图 . -- 青岛：青岛出版社，2023.3

ISBN 978-7-5736-0828-4

Ⅰ . ①万… Ⅱ . ①严… ②央… Ⅲ . ①哲学 – 儿童读
物 Ⅳ . ① B-49

中国国家版本馆 CIP 数据核字 (2023) 第 024577 号

书　　　名	**WANWU YOU ZHEXUE** **万物有哲学**	
分　册　名	神奇的植物	
文　　　字	严春友	
插　　　图	央美阳光	
出 版 发 行	青岛出版社	
社　　　址	青岛市崂山区海尔路 182 号（266061）	
本 社 网 址	http://www.qdpub.com	
邮 购 电 话	0532-68068091	
责 任 编 辑	梁　颖	
印　　　刷	青岛新华印刷有限公司	
出 版 日 期	2023 年 3 月第 1 版　　2023 年 3 月第 1 次印刷	
开　　　本	16 开（787 mm × 1092 mm）	
印　　　张	12	
字　　　数	200 千	
书　　　号	ISBN 978-7-5736-0828-4	
定　　　价	128.00 元（全 4 册）	

编校印装质量、盗版监督服务电话 4006532017 0532-68068050

序 言

　　植物看起来是平凡的，但是如果了解了它们的生存智慧和生存方式的多样性，你就会赞叹：它们是令人惊奇的！

　　植物不能四处活动，不会说话，看起来很弱。实则不然，植物的生存能力比动物要强，在一些动物无法生存的地方有植物的身影。

　　植物几乎无处不在。水里有水草，山上有山花，冰雪之下也潜伏着植物的幼芽或根系，一旦春风来临，它们就会长出绿叶，开出花朵。

　　植物的生命力远远高于动物。苔藓即使被晒干，遇到水很快就会复苏变绿。只要把柳树、蟛蜞菊的一截儿插进土里，它们就能长成新的植株。杂草用数不胜数的微小种子来延续生命，无论农人用什么样的方法铲除，它们总是密密麻麻地生长出来，正如白居易所慨叹："野火烧不尽，春风吹又生。"

　　植物像人一样，有不同的"性情"。有的喜欢潮湿，有的喜欢干燥，有的喜欢炎热，有的喜欢寒冷。

　　植物没有大脑，却很聪明。它们知道哪里有阳光，枝叶总是向着太阳生长；知道哪里有土壤，把爪子一样的根扎进土里；能够找到岩石上的裂缝，好像有眼睛似的；知道什么时候长芽，什么时候开花。

　　植物的结构不算复杂，几乎都由根、茎、叶构成，但形态千差万别。世界上开花的植物有千千万万，它们的叶子和花朵却没有重样的，这得需要何等的智慧啊！

　　植物之间有竞争，也有合作。在同一个环境里可以生长不同种类的植物，谁也不妨碍谁；或在同一个地方轮番生长，春天长的是这种植物，夏天则是另一种植物……

　　由此可见，植物并不简单，它们的生存智慧是其祖先数亿年演化的结果。

　　植物不仅为动物提供了赖以生存的氧气，还给大地穿上了美丽的衣裙，美化了我们生活的环境。如果没有植物，地球该是多么单调啊！植物实在是我们地球大家庭中不可缺少的成员啊！

目 录

柔中有刚

花给人的印象通常是柔弱的，但是有一种花给人柔中有刚的感觉，它就是木棉花。

木棉花盛开时，不需要绿叶衬托，鲜红如血的花朵傲立枝头，远远看去，像是燃烧着的火焰。

木棉花透着阳刚之气，全然不像别的花那般纤弱。它不仅躯干高大，而且花朵巨大，比来采蜜的绣眼鸟还大。

木棉花落时，是整朵整朵地落到地上。在草地上的虫子听起来，那就像一块巨大的石头"扑通"一声掉下来吧？木棉花真是与众不同！

哲学思考

柔软与刚强，两者看起来像是对立的，却可以同时存在。我们在日常生活中，如何实践这种柔软的刚强呢？那就是，待人要宽容、温和。

灼人的红

瞧，这片虞美人的花红得像火，热热烈烈地开放着。在花海前看得久了，不禁担心眼睛会不会被灼伤。

虞美人花瓣单薄，即便只有微风吹过，它也会摇头晃脑，看上去弱不禁风。可是它有着坚强的性格，能在较干旱的地方生长，比如路边。当人们从那里经过，虞美人的花随着微风摇曳，犹如一只只翩翩起舞的蝴蝶，姿态美妙极了。

有时，虞美人会长满一片山坡，开花的时候，远远望去，如同红色的瀑布从山上流下来。它的生命力可真顽强啊！

虞美人还有一大形态上的特点：茎上布满了明显的糙毛。这就让赏花的人只可以远远地观赏，而不可轻易地玩弄。

哲学思考

虞美人，花如其名，看似柔弱，实则坚韧，能在纤细柔弱的枝条上开出美得动人心魄的花朵，给人带来无限遐想。人们可以睹花思人，欣赏生活的美好，追忆历史故事。做人也一样，要内心强大、低调有内涵！

恶之花

　　罂粟是虞美人的姐妹，却有着完全不同的"脾气"。

　　罂粟的秆子长得比虞美人的粗壮，花和果昂首向天，似乎也是"花中美人"。但仔细看，你就会发现：虞美人的花形较小，花瓣单薄、质地柔嫩；罂粟的花形较大，花瓣鲜艳、质地厚实。

罂粟虽然外表好看，却是许多罪恶的源头。它那未成熟的果实含有乳白色的浆液，是制取鸦片的主要原料。鸦片是毒品，人一旦吸食就会上瘾，最终危及生命。

罂粟花虽然美丽，但我们千万不要被它蒙骗了！它是我国严禁非法种植的植物之一！

哲学思考

无论是人还是花，都不能只追求外表好看，还得有一颗好心才可爱呢！有些事物看起来美好，实际上却很危险，我们要提高辨别能力。要想提高辨别能力，就要多多学习知识，正所谓"见多识广"。

甜的雪

每年的四月，北方许多地方漫山遍野的树上盛开着一种白色的花，它们给山野披上了洁白的纱，迎接夏天的到来。

如果不是布谷鸟唱着动听的歌，你可能会怀疑：是不是下起了雪？尝一尝，它们是甜的。原来是洋槐花。

洋槐树很顽强，不挑剔生长的地方。柔嫩的洋槐花不仅好看，还可以食用，能做成许多菜肴，堪称乡间的绿色美食。

洋槐花的香气飘在田野上，蜜蜂也抓住时机采蜜，酿造出清香、甜蜜的洋槐花蜜。

哲学思考

　　洋槐花绽放时香气四溢，蜜蜂、蝴蝶自然会被吸引而来。人只有变得更好，才能收获更多。古人云"天生我材必有用"，要想有用，得先成材。

瞬间与永恒

昙花是常绿灌木，多数每年只开一次花，而且是在夜间开放。由于花期极短，人们就把成语"昙花一现"与昙花开花联系在一起，比喻转瞬即逝的事物。

昙花开放时绚丽夺目、幽香四溢，堪称"花中仙子"。在昙花面前，人们会被它那超尘绝俗的美触动，心里也会清亮起来。昙花一现，不仅为人们带来瞬间的震撼，也定格为永恒的记忆。

很多花是在太阳的照射下开放，昙花为什么要在夜

里开放呢？这是因为它原本生长在墨西哥，那里白天又干又热，但到了晚上就凉快多了。晚上开花，可以避开太阳的暴晒，缩短开花的时间，减少水分的流失。久而久之，它就形成了这样的习性。

哲学思考

　　昙花在一夜间尽情绽放，经数小时后凋谢，却给人留下了馥郁的芳香、永恒的回忆。衡量永恒与短暂的关键在于价值，而非时间。在人类历史的长河中，人的一生就像昙花一现那样短暂，我们要格外珍惜，努力实现人生的价值。

花开心中

你知道无花果是怎么长出来的吗？其他果树是先开花后结果，而无花果长出来的时候，枝上常常是光秃秃的，或者只有几片叶子。

无花果像个憨头憨脑的小男孩儿，好奇地打量着这个世界。

无花果树真是个"急性子"：开花不就是为了结果吗？那就直接结果好了……

其实，无花果树并不是没有花，要是没有花，就无法传粉，也就不能留下种子。无花果树的花长在"果实"的里边，一个无花果里面有好多花呢！

那么，无花果树是怎样传粉的呢？据说是由榕小蜂来完成的。在无花果的"头部"有一个小孔，榕小蜂可以钻进去产卵，顺便也就进行了传粉。实际上，很多无花果树不需要榕小蜂传粉，也能长出无花果来。

无花果树不用艳丽的花朵炫耀自己，把花默默地开放在心中，把无花果奉献给人们。它真是一种低调的植物！

哲学思考

植物是自然界中朴素又容易被忽略的"哲人"。无花果树就像一位默默奉献的谦谦君子，它不追求华丽的外表，而追求实实在在的无花果。做人做事要向无花果树学习，淡泊名利。

低调的草

　　狗尾草的生命力很顽强，耐寒、耐热、耐贫瘠。它默默地生长在野地里，长出弯弯的、像狗尾巴的穗子。

　　狗尾草会侵入庄稼的领地，造成粮食减产。千百年来，农民看到它从不客气，一定要斩草除根。即使这样，狗尾草也不一定会被消灭，不久可能又会冒出来，实在是"野火烧不尽，春风吹又生"啊！

当大风刮来时，大树迎风而立，狗尾草却弯腰趴下，等风过后，再直起腰来。

我们有时会看到被狂风连根拔起的大树，却很少能看到被风拔起的狗尾草。狗尾草懂得顺势而为的道理。

哲学思考

　　狗尾草朴实平凡，无论生存的土地多么贫瘠，不管面对怎样的狂风暴雨，它都顽强地生长着。它虽然会在寒冬枯萎，但到了春天又会生机盎然。狗尾草用自己的方式诠释着坚强，让我们知道坚持就是胜利，值得我们尊敬。

慢而精

　　枇杷似乎是个"慢性子"。它的果实不大，个头儿跟较小的杏差不多，从开花到结果却需要好几个月的时间。

枇杷花

它不在热闹的春天开花，而是在秋冬时节绽放。它先长出一个个微小的花骨朵儿，上面密密地生长着棕色的绒毛，然后开出一簇簇淡白色的小花。

　　春天来了，花瓣纷纷飘落，露出一个个青青的小果，一直到五六月才成熟。那时，你就可以看见，翠绿的叶子掩映着一颗颗淡黄色的果实。

　　初夏时节，熟透的枇杷黄澄澄的，果肉细腻，入口甜中带酸，令人回味无穷！

哲学思考

　　古人云"欲速则不达"，慢不是消极，不是懒散，而是一种张弛有度的、符合自然规律的状态。正如枇杷从开花到果实成熟需要很长时间，任何人的成功都不是一蹴而就的，而是要慢慢积累、默默坚持，最终才能收获美好的人生。

与雪相伴

　　北方的冬天，风猛、雪大、寒冷。大多数树木落光了叶子，留下光秃秃的枝干在寒风中颤抖着；即使那些常绿植物，如柏树、马尾松和冬青，叶子也变成了暗绿色，并且几乎停止了生长。

　　你知道吗？有一种植物不仅能够抵御严寒，还可以在冰天雪地里开花。

　　它，就是雪莲。

在生长雪莲的高山上，空气稀薄，昼夜温差大，天气瞬息万变，一会儿阳光明媚，一会儿风雪交加。在如此恶劣的自然环境里，很多植物是无法存活的，但是雪莲傲霜斗雪、顽强生长。

雪莲就像超脱世外的隐士，在别人放弃的地方自由自在地生长。

哲学思考

雪莲不畏冰雪高寒，是美丽顽强的象征。它不会因为所处的地方荒寂僻远而不生长，也不会因为无人欣赏而不芬芳。做人也要如此，要活得美丽而顽强。

伞花虎眼万年青

给别人留出机会

大多数植物是谦逊的，它们的花期只持续一段时间，然后就把舞台让给其他植物。其中，伞花虎眼万年青尤为谦逊。

早春时节，天气乍暖还寒，伞花虎眼万年青就长出了韭菜似的绿叶，然后开出有六片细长花瓣的白色花朵，花朵的形状像星星。

此时，大多数花还未绽放，伞花虎眼万年青匆匆开过就消失，为其他花让出展示的舞台。

许多植物是花凋落了，植株会继续生长。而伞花虎眼万年青在花谢后，地上部分逐渐枯萎，地下部分则一直沉睡到第二年才再次萌芽。

在伞花虎眼万年青消失的地方，会有别的花草生长、绽放，把大地装扮得五颜六色。如果从年头到年尾，一个地方只生长着一种花草，那该是多么单调啊！

哲学思考

　　世界上没有一样事物是能够单独存在的，不同的事物之间总是存在这样或那样的联系。不同的花有不同的花期，一年四季都有花开，这何尝不是植物间的谦让与合作呢！人懂得谦让，人生的道路会更加宽阔。

花中的豪放派

　　龙舌兰是一种多年生常绿草本植物，长得有些粗野。

　　龙舌兰的叶子呈莲座式排列，四处伸展，争先恐后地要占领更多的空间。它的叶片有几厘米厚，十几厘米宽，一两米长。叶子的边缘有锯齿状的刺，如同鳄鱼的牙齿。叶子从基部到顶部越来越细，形成锋利的尖刺，整片叶子像一把长剑。

　　龙舌兰的分生能力极强，它每年都能萌发出新的根苗，用不了几年就能把周围变成一个龙舌兰花园。

龙舌兰开花时很有特色，它会先长出一根挺拔的花茎，花茎以肉眼可见的速度迅速长高，用不了几天就能长到好几米高，这在植物界是很罕见的。龙舌兰开黄绿色的花，多达数百朵，花朵的形状很奇特。

龙舌兰不开花的时候植株大都一米左右，默默地生长着，蓄积着能量，当生命进入开花时间，它就长成了"超大个儿"，堪称花中的豪放派！

　　你知道吗？大部分龙舌兰一生只开一次花，开花要消耗巨大的能量，开完花后，整个植株就会枯萎。

哲学思考

　　龙舌兰开花是不鸣则已，一鸣惊人。所有的一鸣惊人，都是因为厚积薄发。沉淀下来，积蓄力量，做好准备，才能一鸣惊人。这也道出了藏与露的辩证统一的关系：它们既相互矛盾，又相互依存，还相互转化。

似花非花

　　菜蓟是一种特别的植物，为什么这么说呢？因为它长相奇特，长得像花蕾的部分却不是花。

　　菜蓟的叶子长而厚，叶边像锯齿，质地粗糙。夏天时，从叶丛的中心会长出花茎，顶端是肥大的"花蕾"。苞片又厚又硬，像层层盔甲。

这个"花蕾"张开后形成的莲花状的东西看起来像花朵，其实是花托。到了7月，从它里面会开出幼鸟绒毛般的淡紫色的真正花朵。

哲学思考

菜蓟的花托很容易被误当作花朵，等到真正的花朵开放，也就真相大白了。我们在生活中也会遇到类似的情况，需要冷静思考，别轻易下结论。自然界是发展的，人类社会是发展的，人的认识也是发展的。

"花"中生"花"

　　大多数的植物在花朵凋谢后，要么长出果实，要么不再长出任何东西。但有的植物，远远看上去，"花"里又长出了"花"。它们可真是特别啊！

　　橙花糙苏原产于地中海等地，是多年生草本植物，

橙花糙苏

29

在茎顶部有1~2个轮状花序，共有10~15朵橙黄色的花，又大又美丽。

铁海棠又名虎刺梅、麒麟花，花形美丽，颜色鲜艳。花朵小巧，似乎是为了拒绝孤单，成对生成小簇，像大家族一般聚集在一起……整个造型疏密有致、美丽动人！

大自然的造化是多么神奇！

哲学思考

每片叶子都是独一无二的，每朵花都有独特的美，每个人都是不可替代的，都有存在的意义。我们要珍惜生命，活出自己的精彩人生。

虎刺梅

太阳的轮子

　　西番莲枝蔓细长，花形奇特，在热带和亚热带地区广泛栽植于小庭院内。

　　花朵的底层是展开的花瓣，它们向四周伸展着，像太阳的轮子。再往上一层是一圈细丝一样的副花冠，它有三种颜色，由外向内依次为蓝色、白色、紫红色，这样就形成了几个不同颜色的圆环。

这已经够复杂了，但是上面还有两层呢。再往上一层是五个像拖把一样的雄蕊，最上面一层是雌蕊，有三裂的柱头。

西番莲花朵的整个构造层次鲜明、错落有致，让人大开眼界。

哲学思考

大自然是位伟大的设计师，造就了神奇的花卉绿植。我们应心生敬畏，道法自然。自然，从万物角度讲，是遵循事物本来的、本质的规律；从人的角度讲，是遵从人的内心。道法自然，其实就是遵循事物自身发展的规律。

凌霜傲雪

　　蜡梅在冬天开花。它的花瓣薄如蝉翼，绽放在光秃秃的树枝上，被寒风吹得瑟瑟发抖，看起来是多么娇弱啊！

这淡黄色的花朵常常披着一层雪，可是它不畏严寒，冒着凛冽的寒风，散发阵阵馨香，告诉人们：别看现在雪压枝头，春天已经不远了！

哲学思考

　　面对同一个事物，从不同的角度去观察、去思考，就会有不同的收获与感悟。大多数植物在寒冷的冬天是无法开花的，蜡梅选择迎着寒刀霜剑开放，展现出生命的顽强和坚韧，适者生存！

长相独特的花

　　花朵的形状千姿百态，不可胜数，绝无雷同：有的像柱子，有的像球，有的像蝴蝶……你见过长相独特的花卉吗？

　　鹭兰如同翩翩起飞的白鹭，猴面小龙兰长着一副猴子脸，难道是它们想变成动物吗？

猴面小龙兰

鹭兰

35

嘴唇花张着红艳艳的"嘴巴"，似乎有什么心里话想说出来。

它们虽然长相独特，却不是食肉植物。

哲学思考

了解事物的特征，不能只停留在表面现象上，而要了解事物内在的本质，要透过现象抓住本质。

嘴唇花

吃虫子的植物

众所周知，植物利用光合作用获得生长发育所需的养分。你知道吗？有些植物还会捕捉并消化昆虫来获得营养。那么，没有爪牙又不会运动的植物是怎样吃虫子的呢？

捕蝇草在叶子的顶部长有一个贝壳状的夹子，里边

捕蝇草

分泌蜜汁，吸引昆虫。当有昆虫闯入时，夹子就立刻关闭，将它慢慢地消化掉。夹子的边缘有两排刺毛，当它呈半闭合状态时，如同笑眯眯的眼睛——谁知道这是"笑里藏刀"呢！

猪笼草长有一个形似花瓶的捕虫笼，笼口上有盖子。这个花瓶看似优雅可爱，对昆虫来说，却是"夺命之瓶"。昆虫一旦滑入瓶内，就很难逃出去。

猪笼草

哲学思考

捕蝇草、猪笼草为了捕食昆虫，植株上长出了特别的"机关"。这是植物为了存活而演化出的生存智慧。

"臭"名昭著

　　有极少数的花不仅不香，反而散发着难闻的臭味。别的花以香闻名，它们却以臭出名。

　　大王花一生只开一朵花，没有枝叶，寄生在别的植物上。它被认为是世界上花朵最大的植物，花朵的直径可达一米左右。硕大的花瓣上布满了粗糙的斑点。花蕊藏在花朵中间的圆口蜜槽里。大王花确实独特，但给人的感觉不是美，而是可怕。

大王花

非洲白鹭花同样没有枝叶，花朵的形状像橄榄球，最高可达两米，花朵绽放后显出一副龇牙咧嘴的凶恶样子。

非洲白鹭花

龙海芋也只开一朵花，是深紫色的，而且只有一个花瓣，从花心里伸出长长的蕊，像蛇在吐舌头。

这三种花都长得十分怪异，还都散发出熏人的恶臭。被它们吸引来的自然不是蜜蜂和蝴蝶，而是喜欢臭味的昆虫，真是应了那个成语：臭味相投。

龙海芋

哲学思考

俗话说"物以类聚，人以群分"，什么样的人交什么样的朋友；"近朱者赤，近墨者黑"，与好人交友，自己也会变得更好。这些说的都是交往中的相互影响。

小身体有大能量

　　一些热带植物好像有使不完的劲儿，它们拼命地生长、开花、结果。更令人惊奇的是，它们是"老茎生花""老茎结果"——在大枝丫和树干上开花、结果。

　　有的番木瓜树只有一米多高，却能结出几十个果实。果实分层、环绕着树干分布，像是一头头小猪仔正挤在一起吃奶。波罗蜜的果实长在树干上，个头儿有南瓜那么大。据说树龄越大，结果越大，堪称"老当益壮"。

旅人蕉

哲学思考

　　植物有着自己的生命节奏：该长芽的时候长芽，该开花的时候开花，该结果的时候结果。它们全力以赴的精神启发我们：真正的高大不在于形体，而在于作为与贡献。

波罗蜜

番木瓜

41

根深蒂固

　　虽然植物不像我们这样吃饭、喝水，可是它们也需要食物和水分才能生存。植物有独特的营养器官——根，它能够把植物固定在土地上，吸收土壤里的水分和养分，有的根还能贮藏养料。

　　植物生长不仅要枝繁叶茂，还要根深蒂固。

　　植物的根一般长在地下，越是高大的植物，它把根扎得越深，正如俗话说的"树有多高，根有多深"。

　　植物的根也有生长在地上的，比如榕树的根。榕树直接从树枝上长出根来，有的悬在空中，有的伸到土壤里。

榕树

　　有一些植物的枝条或者叶子上也会长出根，柳树、葡萄、月季就是这样的植物。把它们的枝条剪下来，埋在土里，就会重新长成植株。

　　有一些植物的根长在别的植物身上，从寄主体内吸收养料。这样的植物有菟丝子、桑寄生、独脚金等。

菟丝子

桑寄生

你知道吗？我们经常吃植物的根呢！有些植物的根变得十分粗大，有丰富的营养，味道也不错，比如萝卜、胡萝卜、甘薯、甜菜，它们可都是餐桌上的常客。

哲学思考

人们常说"扎根""根本""根深蒂固"这样的词，可见根对植物的重要性。在人的一生中，儿童阶段也是打基础的时期，学习知识相当于"扎根"，拥有广博的知识，人生的大树才能长得高大，结出丰硕的果实。

万 物 有 哲 学

动物的智慧

严春友 文

央美阳光 图

青岛出版集团 | 青岛出版社

图书在版编目（CIP）数据

万物有哲学 . 4，动物的智慧 / 严春友文；央美阳
光图 . -- 青岛：青岛出版社，2023.3
    ISBN 978-7-5736-0828-4

    Ⅰ . ①万… Ⅱ . ①严… ②央… Ⅲ . ①哲学 – 儿童读
物 Ⅳ . ① B-49

    中国国家版本馆 CIP 数据核字 (2023) 第 024559 号

书　　　名	**万物有哲学** WANWU YOU ZHEXUE	
分　册　名	动物的智慧	
文　　　字	严春友	
插　　　图	央美阳光	
出 版 发 行	青岛出版社	
社　　　址	青岛市崂山区海尔路 182 号（266061）	
本 社 网 址	http://www.qdpub.com	
邮 购 电 话	0532-68068091	
责 任 编 辑	张志晴	
印　　　刷	青岛新华印刷有限公司	
出 版 日 期	2023 年 3 月第 1 版　　　2023 年 3 月第 1 次印刷	
开　　　本	16 开（787 mm × 1092 mm）	
印　　　张	12	
字　　　数	200 千	
书　　　号	ISBN 978-7-5736-0828-4	
定　　　价	128.00 元（全 4 册）	

编校印装质量、盗版监督服务电话 4006532017 0532-68068050

序 言

如果说《生命的故事》是纵向展示了生命的来源和存在轨迹，那么本书则横向展示了动物的生存智慧以及动物行为的复杂性和多样性。

其他动物与人类的差距，其实没有我们认为的那么大。凡是人类有的行为，几乎都可以在其他动物身上找到萌芽，甚至昆虫也有与人类类似的社会行为。这些都没有什么可惊奇的，因为人本来就是一种动物，只是比其他动物更高级、复杂一点而已。

从总体上说，其他动物在思维和行为能力方面不能与人类相比，但就某些方面来看，它们却远远超过人类。鹰的视力非常好，是有名的"千里眼"；北极熊在零下四十多摄氏度的恶劣天气下也能生存；蜥蜴断掉的尾巴还可以长出来……

动物的生存智慧往往出乎我们的意料，比我们人类的更简单、直接、高效。它们不需要学习那么多技能，甚至有一项技能就可以生存。

很多动物看起来十分弱小，可是它们却能够很好地适应各种不同的环境，并练就了与环境相适应的生存本领。因此，地球上几乎所有的地方都有动物在生存，它们拥有特别顽强的生命力。对动物了解得越多，就越会觉得它们神奇。

与人类社会一样，动物社会也是有规则的，谁不遵守规则就会被大家抛弃。为什么族群会抛弃那些不遵守规则的成员呢？因为这些规则规定了族群的行为方式和交往方式，是为了让所有的成员都能得到生存空间和食物，如果没有了这些规则，族群成员之间的公平也就没有了。

每只动物都是大自然创造的艺术品，是地球几十亿年演化的结果。在大自然这个家庭中，没有哪种动物是多余的，每种动物都有其存在的必要。长久以来，人类不断地研究、学习动物们的生存智慧，帮助人类更好地生存、发展。

目　录

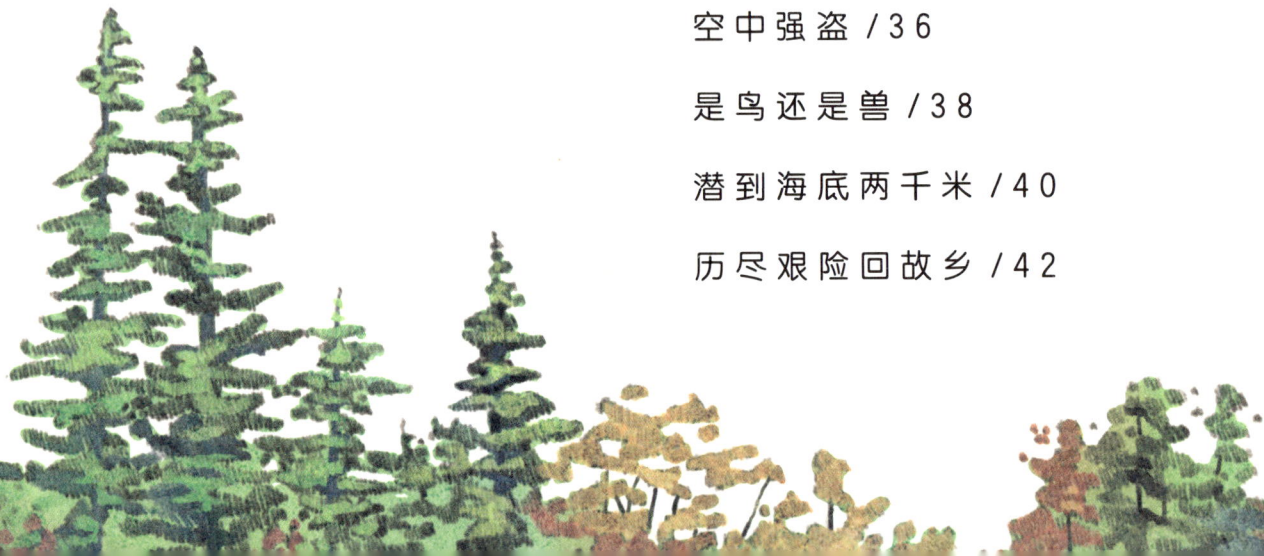

我家就在一片叶子上

蚜虫非常小，如芝麻粒般，它们的家可能就在瓜叶菊的一片叶子上。

雌性蚜虫没有童年，一出生就能够生育，有的蚜虫一年中可以繁殖30代。

蚜虫不喜欢活动，经常趴在植物的叶子上很长时间一动不动，即使偶尔移动一下，也极其缓慢。对它们来说，那片叶子就是整个世界。

哲学思考

见识越多，格局越大。无论是处事还是做人，都应该不断充实自己、扩大视野，这样才能认识更大的世界。

蚜虫

1

公平分配

动物之间不仅会相互合作，而且还会公平分配。

有动物学家做过一个实验：他们把两只猴子放在一块下方有一个洞口的透明玻璃的两边，然后在猴子 A 这边放了一个装有 6 枚果实的盒子，在猴子 B 这边放了一块可以用来砸开盒子的石头。猴子 B 看到玻璃对面的盒子，便拿起石头从洞口递给了猴子 A。猴子 A 花了一番力气，终于在那个盒子上打开一个口子，把 6 枚果实拿了出来。

这时，令人不可思议的一幕出现了：猴子 A 拿出果实后，没有丝毫犹豫，将 3 枚果实从洞口递给了猴子 B！

其实，隔着玻璃，即使猴子 A 不分给猴子 B 果实，猴子 B 也无法跟它争夺。但是，猴子 A 知道果实是双方合作的成果，不仅要一起分享，还应该公平分配。

哲学思考

　　动物之间会相互合作，人更是如此。"蚊子如果一齐冲锋，大象都会被征服。"在人类社会，合作几乎成了必然。合作的基础是信任，若双方缺少信任，那么合作关系也是不会长久的。

骗术大师

在非洲有一种鸟叫叉尾卷尾，它善于利用报警叫声欺骗其他动物，从而获取食物。

叉尾卷尾经常跟在狐獴身后，当狐獴的天敌出现时，叉尾卷尾就会发出警报，告诉狐獴赶紧躲藏起来，自己也会立刻飞进隐蔽处。叉尾卷尾因此获得了狐獴的信任。

不过，叉尾卷尾并不总是诚实的。有时没有天敌出现，但叉尾卷尾看见狐獴捉到了一只肥肥的虫子时，它也会发出警报。正在觅食的狐獴听到警

报后，丢下食物，仓皇逃回洞里。此时，叉尾卷尾便趁机将食物叼走。

为了使这种欺骗得逞，叉尾卷尾会模仿30多个物种报警的声音。当一种动物识破了它的骗局后，它就会去别的动物——比如斑鸫鹛那里继续玩它的骗术。

叉尾卷尾确实很聪明，但是当越来越多的动物识破它的骗术时，它的聪明就无用武之地了。

哲学思考

　　"小聪明"不是真聪明。耍小聪明的人会做一些损人利己的事，这种"聪明"是表面的，以为自己处处占得便宜，实际上却走不长远。《韩非子·说林》中说，"巧诈不如拙诚"，意思是巧妙的欺诈不如拙朴的诚实。不管身在何处，都应该诚信做人，踏实做事。

叉尾卷尾

狐獴

斑鸫鹛

小不点的大智慧

天刚蒙蒙亮，一只小蜘蛛便从石头缝儿里急匆匆爬出来，奔向墙壁上一个白色的茧一样的东西。

小蜘蛛绕着"茧"快速旋转，"茧"越来越小，里边露出了一只蚂蚱。

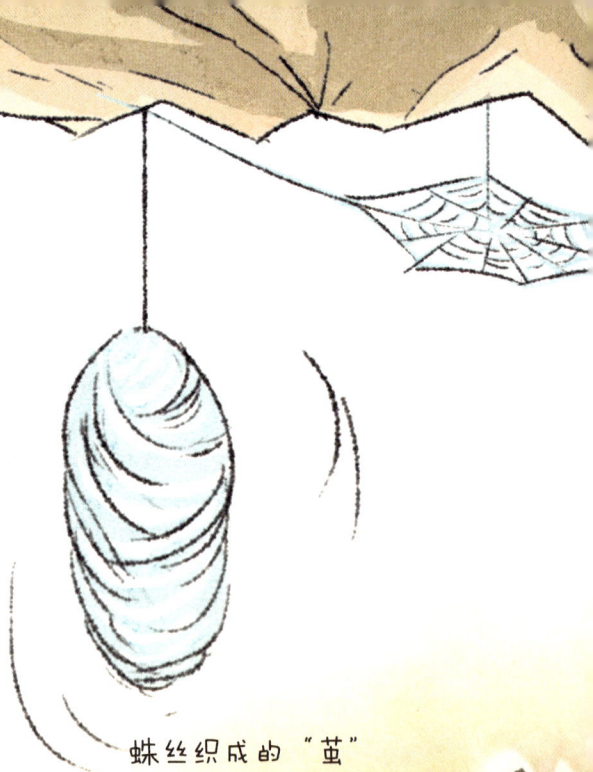

蛛丝织成的"茧"

原来，昨天，小蜘蛛捉到了这只蚂蚱。因为天气太热，放在洞穴里会腐烂，放在外边又怕被别的蜘蛛偷走，它就用蛛丝把小蚂蚱缠绕起来，挂在了墙壁上。

这只小蜘蛛只有豆粒般大小，却会进行思考，远比我们想象的要聪明得多。

哲学思考

思想决定行为。"一个能思考的人，才真是一个力量无边的人。"这是现代法国小说之父巴尔扎克的名言。思考是所有伟大的发明和创造不可或缺的因素。所以，要学会做一个会思考的人。

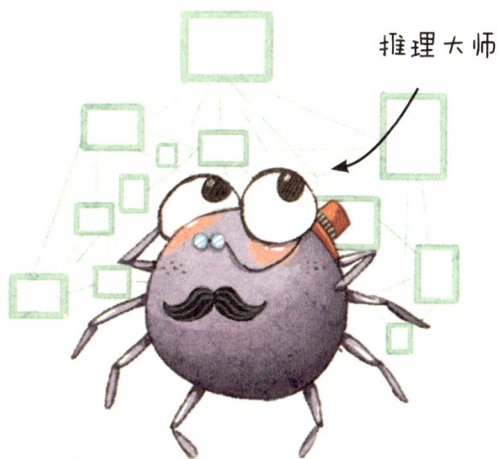

推理大师

蜜蜂群的"温度调节器"

天热的时候，我们有电风扇；天冷的时候，我们有暖气，那动物们怎么办呢？动物也有它们独特的方法来调节温度，蜜蜂就是调控温度的高手。

有的蜂群大概有五万只蜜蜂，这么庞大的群体，如果不能调节蜂巢内的温度，在里边的蜜蜂可能会被热死。但蜜蜂想出了很好的办法，来调节蜂巢中的温度和湿度，并保持空气的清洁。

天气炎热时，蜜蜂们会按照一定的方位扇动翅膀，使巢内污浊的空气不断排出，换上新鲜的空气。天气寒冷且气

温降至 10 摄氏度以下时，蜜蜂会停止飞行，然后挤进蜂巢中心区域形成"过冬集群"。工蜂们簇拥在蜂后周围，靠身体不停颤动来使得蜂巢中心温度保持在 27~34 摄氏度。据测量，即使在最寒冷的时候，蜂巢中心的温度也可以维持在 24 摄氏度左右。

蜜蜂虽然个头小，但它们都很聪明。

哲学思考

生命是脆弱的，但也是坚强的。我们可能会遇到困难，但我们更有勇气想出克服困难的方法。人生的路，无论平坦还是坎坷，只要努力走下去，最后必定会有收获。

朝生暮死

蜉蝣是一种古老而美丽的昆虫，体形较小，在地球上已经存在了两亿多年，是最原始的有翅昆虫。

蜉蝣的成虫寿命很短，只有几小时至一星期左右。它们的生命虽然短暂，经历却丰富而复杂。蜉蝣若虫在水中生活一到六年，经历几十次蜕皮，充分成长后，变成会飞的蜉蝣成虫。

当蜉蝣成群结队地飞舞在河流或沼泽地的上空时，那已经是它们生命的最后时刻。春夏两季，从午后至傍晚，常有成群的蜉蝣雄虫出现，进行"婚飞"，雌虫飞入群中与雄虫在空中交配。之后，雌虫将卵产于水中，把生命传递给下一代，然后死去。卵沉到水底的淤泥里，继续发育，经过很长一段时间的成长后，展翅飞向天空。

蜉蝣的若虫

"朝生暮死"这个成语说的就是蜉蝣，现在也用来形容生命的短促或事物存在的时间短暂。

哲学思考

　　蜉蝣朝生暮死，生命短暂，因此它必须分秒必争，让自己的一生过得更有价值。其实人也是如此，人生无常，生命短暂，每时每刻都有无穷的价值。所以，我们应该珍惜当下，努力把每一天都活得精彩。

企鹅幼儿园

　　帝企鹅生活在极其寒冷的南极洲，那里的冰雪平均厚度近2000米。帝企鹅并不怕冷，因为它们身上有密实的绒羽毛，像穿着羽绒服，皮下厚厚的脂肪犹如保暖内衣。

　　为了便于企鹅父母外出觅食，出生后不久，小企鹅就会被父母送进"企鹅幼儿园"。在那里，几只成年帝企鹅像照顾自己的孩子一样，精心地照顾所有的小企鹅。

企鹅幼儿园

"企鹅幼儿园"里的小企鹅看起来长得一模一样，企鹅父母是怎样找到自己的孩子的呢？原来，帝企鹅会在"幼儿园"里发出呼叫，当小企鹅回应时，它们就能够辨认出自己的孩子了。

　　那帝企鹅是怎样孵出小企鹅的呢？

　　当南极进入初冬时节，帝企鹅便开始爬上岸，寻找安家的地方。一个多月后，雌企鹅产下一枚蛋，把它交给雄企鹅后，就匆匆返回海里捕食了。

　　为了不让蛋被冻坏，雄企鹅会双脚并拢，用嘴把企鹅蛋挪到自己的脚背上，然后用肚皮把蛋盖住，保持温暖。孵蛋的这段时间里，雄企鹅几乎一动不动，不吃不喝。

帝企鹅在大声呼喊自己的孩子。

经过两个月左右的时间，雄企鹅将蛋孵化出小企鹅。

　　不久后，雌企鹅经过长途跋涉，带着食物回来了。它找到自己的孩子，开始给它喂食。这时，雄企鹅就会返回海里捕食了。

哲学思考

　　亲情如同一种本能，几乎在所有动物身上都闪耀着亲情的光辉。其中，父母对子女的爱更显得无私而厚重。亲人之间要学会相互包容，不要太苛刻，相信亲情的力量会让我们成长得更快。

到海边觅食的企鹅

窃窃私语

　　动物会"说话"吗？人类是世界上唯一会说话的动物，其他动物虽然不会说话，但会通过其他方式表达自己的想法和心情。

　　每到夏天，草丛里或墙角处就会有唧唧吱吱的声音，那是蟋蟀们在窃窃私语。蟋蟀"说话"不是用嘴，而是通过摩擦双翅来发出声音。

　　清晨的树丛里，成群的麻雀会叽叽喳喳地叫个不停，那是它们在与邻居们"闲聊"。

　　有的动物发出的声音我们听不到，但却传播得很远。大象可以发出低沉的声音，与十几千米远的同伴进行交流。

乌鸫

在大海里，视线受海水阻挡，鲸鱼就主要靠声音与同伴交流。它们发出的声音很复杂，却优美动听如歌曲，被人们称为"鲸歌"。

　　有研究人员发现，鲸鱼也存在着"族群文化交流"。也就是说，鲸鱼会学习其他鲸群的"歌曲"。

　　看来，动物不仅会沟通，还善于学习新的沟通方式。

哲学思考

  无论是人还是其他动物，都不可能独立存在，需要与同类互动，沟通是很必要的。鸟儿靠鸣叫沟通，鲸鱼靠"鲸歌"沟通，人靠语言沟通。我们没办法完全读懂别人内心的想法，消除误会、表达情感都需要借由沟通来完成。

鲸鱼通过"鲸歌"沟通。

会"养牛"的蚂蚁

人会养牛，有的昆虫也会"养牛"，比如畜牧蚁，不过畜牧蚁养的"牛"是蚜虫。

蚂蚁经常会吃掉别的昆虫，而畜牧蚁不仅不会吃掉蚜虫，反而会保护它们。畜牧蚁为什么要保护蚜虫呢？

在蚜虫聚居的嫩叶上，常常会有畜牧蚁用触角或前足轻拍蚜虫。这时，蚜虫会从肛门排出一滴液体，畜牧蚁迅速爬过去舔食，然后用同一方法向其他蚜虫继续乞食。原来，蚜虫排出的液体里含有糖分，

叫作蜜露，对畜牧蚁来说是可口的美食。

当然，畜牧蚁是知恩图报的，它也会为蚜虫提供服务，保护蚜虫不受侵害。它们会帮助蚜虫赶走寄生的黄蜂，防止它们把卵注入蚜虫体内，还会帮忙赶跑草蛉幼虫、甲虫以及蚜虫的其他天敌。

有时，畜牧蚁还会将蚜虫从一个地方搬迁到另一个地方，以便为蚜虫提供更好的保护或者更新鲜的食源，就像放牧人迁移牧场，把他们的牛羊赶到新的草场一样。

畜牧蚁从蚜虫那里得到了食物，同时，也为蚜虫提供了安全的保障，它们是一对取食共生的"好伙伴"。

哲学思考

　　每个人都需要伙伴。伙伴之间能彼此陪伴、鼓励、温暖，一起成长。只要认可求同存异的原则，不同家庭背景、社会地位，甚至不同种族的人都有可能成为彼此的好伙伴。

自愿为仆

蚂蚁有很多种类，是地球上最常见、数量最多的一类昆虫。

蚁群中一般有蚁后、雌蚁、雄蚁、工蚁和兵蚁。工蚁是群体中数量最多的，它们的主要职责是从事各种劳动：建造蚁穴、寻找食物、看护和喂养幼虫，同时为蚁后服务。

蚁后的主要职责就是产卵、繁殖后代和统管蚂蚁群大家庭，不用从事其他的劳动。

蚁后不从事劳动，为什么工蚁还会愿意"伺候"它们呢？其实，蚂蚁的分工是大自然进化的结果，大自然决定了它们的生活方式。蚁后生下来就长得不一样，如果出生时是蚁后，就不需要劳动和觅食能力；如果出生时是工蚁，那就只能每天劳动和为蚁后服务。

还有一些物种与蚂蚁一样具有社会性，比如白蚁、蜜蜂、胡蜂等。它们的种群内部也具有明确的分工。

哲学思考

设想一下，如果蚁后和工蚁是两个人，会怎样呢？那可能会是这样的：没有人愿意做工蚁，而做蚁后也会被别人瞧不起，因为他们总是不劳而获。动物只能按照大自然的规律来生活，而人却不然，人可以改变自己的命运，努力去过自己想要的生活。

特殊身份证

在非洲的肯尼亚、埃塞俄比亚等地有一种叫裸鼹鼠的动物，它们的体形很小，但它们的王国却不小，成群居住在四通八达的地洞里。

裸鼹鼠群体中的数量多则上百只，少则几十只，但是只有一只雌鼠能够生儿育女，她是裸鼹鼠王国的"王后"。

裸鼹鼠王后是怎样"剥夺"其他雌性裸鼹鼠生育能力的呢？原来，裸鼹鼠王后的排泄物中有一种激素可以抑制其他雌性裸鼹

裸鼹鼠的地宫

鼠的生殖能力，以此来保证自己独享生育后代的权利。

　　裸鼹鼠的地道里有专门的排泄场所，它们喜欢在排泄场所打滚，沾染上独特的气味，借此标记种群成员。

　　动物的智慧看似简单，却非常有效。

哲学思考

　　每一个生命都有其独特的智慧。在自然界，不论是动物还是植物，为了生存，它们都在努力运用着自己的智慧。人类并没有比其他动物更高贵，我们应该对大自然充满敬畏。

裸鼹鼠

被赶下台的"女王"

斑鬣狗主要生活在非洲地区，样貌似犬，对待猎物十分凶残。斑鬣狗族群内部有严格的规则，不遵守规则的斑鬣狗会受到排斥。

斑鬣狗成群结队地生活在一起，每个族群有一只雌性斑鬣狗作为它们的"女王"。

女王具有极高的权威，它组织狩猎、维护群体的秩序、惩罚不守规矩的斑鬣狗；同时，它也担负很大的责任，要保护自己的族群不受侵害，守卫领地，并保证大家有食物吃。

不过，假如这个女王品性不好，欺负同族群中的其他斑鬣狗，也会被大家赶下台。

被赶走的斑鬣狗女王

动物研究者曾追踪过一群斑鬣狗，它们的女王脾气暴躁，经常无故咬伤别的斑鬣狗。最后，族群中的其他斑鬣狗再也无法忍受，大家一起把女王赶出了族群。斑鬣狗们又选出了一只脾气好的雌性斑鬣狗做它们族群的女王。

　　无论多么凶猛的动物，在它们的群体中也都必须遵守规则，即使它们的王也不能例外。

哲学思考

　　凡事都有规则。规则带来了约束，同时也带来了秩序，完全随心所欲的生活是可怕的。但是，规则也是可以打破的，不合理的旧规则被打破，新的规则就会建立起来。

鸠占鹊巢

杜鹃的叫声清脆悦耳，却被人们称为"恶鸟"，这主要是因为它托卵寄生的特性。

杜鹃自己不筑巢，也不孵化幼鸟。当它看到其他鸟——比如大苇莺进入孵化期时，就会趁大苇莺外出时把自己的卵放在大苇莺的巢穴里。大苇莺回来以后并不知道巢穴里已经有别的鸟蛋，仍旧继续孵化。

杜鹃的卵被大苇莺孵化成杜鹃雏鸟后，杜鹃雏鸟很快会把巢穴中大苇莺的卵或者小鸟推出巢穴，目的是让大苇莺只喂养自己。

杜鹃雏鸟越长越大，直到比大苇莺还大时，大苇莺依然不知道巢穴里的并不是它的孩子，仍旧精心照料着杜鹃雏鸟，给它喂食。

杜鹃雏鸟

大多数鸟类是自己筑巢，抚育后代，像杜鹃这样"鸠占鹊巢"的鸟类并不常见。

哲学思考

我们要时刻保持警惕，认真思考，做出理性的判断。大苇莺是"鸠占鹊巢"的受害者，但这也有它不够警觉的原因。人应该心存善良，但也要带些锋芒，对世界保持一定的警惕，积极思考，才能更好地保护自己。

大苇莺在给杜鹃雏鸟喂食。

以蜜为食

大多数鸟类以昆虫、种子、腐肉为食，但有些种类的鸟却与众不同，它们主要的食物来自花蜜，其中最有名的就是蜂鸟。

蜂鸟体形较小，是典型的小脚鸟类，它们无法像蜜蜂一样在花朵上站稳。

蜂鸟会一边飞行一边把长长的嘴伸入花蕊，它独特的高弹性的分叉舌头，非常便于吸食花蜜。

蜂鸟扇动翅膀的频率很高，是唯一一种能真正悬停的鸟类，这种悬停能力能够让蜂鸟在觅食时停留在花前不动。它们也能够迅速地上下左右移动。更令人惊叹的是，蜂鸟还能够向后倒着飞行。

蜂鸟主要以花蜜为食，避免了与大多数鸟类在食物上的竞争，进化出了属于自己的食谱。

哲学思考

古往今来，一切新发现都是从探索和尝试中而来。独辟蹊径，或许会遇到很多困难，但也有可能找到一条新出路。不过，探索新事物并不是只需要勇气，还需要像蜂鸟一样，拥有一身好本领。

正要采蜜的蜂鸟

一觉可睡几个月

有些动物为了生存，进化出了一种本领——冬眠。

熊可以冬眠几个月的时间。它们在冬眠的几个月里可以不吃不喝，一直等到春天天气回暖时才会醒来，继续寻找食物。

熊冬眠的时候会爬进深深的洞穴，藏在里面睡觉，这样既可以减少热量的散失，还可以保暖、防止天敌的攻击。但是熊并不会熟睡，听到任何声响都会马上醒来。

冬眠的动物除了熊，还有青蛙、蛇、刺猬等。这些动物之所以冬眠，是因为漫长的冬天非常寒冷，而又不容易找到食物。进入冬眠后，它们就能度过这段艰难的时光了。

冬眠的熊

动物的这种生存本领是一种以退为进的策略。当生存环境严酷到不可对抗的时候，它们会选择先退却来维持生命。

哲学思考

后退有时也是一种智慧。勇往直前固然值得学习，但却可能被困难打倒。当困难无法被克服时，可以选择先后退一步，调整自己，避开前进路上的障碍，以退为进，这样才能在人生的道路上走得更远。

冬眠的刺猬

冬眠的青蛙

冬眠的蛇

载歌载舞

　　大多数鸟类的鸣叫，实际上是为了求偶，它们是在通过歌唱寻找配偶。有的鸟还会给心仪的异性送礼物，比如送一只昆虫或者几根水草。

极乐鸟

极乐鸟在求偶时送出的"礼物"十分特别，它会移开树叶和树枝来搭建一个舞台，在那儿展示自己绚丽的色彩和不同寻常的装饰，并且会像芭蕾舞演员一样做出各种复杂的动作，来吸引雌鸟的注意。

雄极乐鸟对雌鸟是来者不拒的，只要有雌鸟出现，它们就可以不停地展示自己。雌鸟一旦被雄鸟吸引，也会立刻飞上前去。

有些极乐鸟可以连续表演几个小时。每表演完一次，极乐鸟都要绕着自己的领域巡视一圈，然后继续它的表演。

哲学思考

事物之间是有因果联系的，有付出才会有收获，但并不是所有的努力都会有收获，就如同极乐鸟载歌载舞地表演，也不一定能得到雌鸟的关注。不过，如果不付出努力，那收获更是遥不可及。当我们已经竭尽所能，付出了努力，保持一颗平常心、顺其自然才是积极正确的态度。

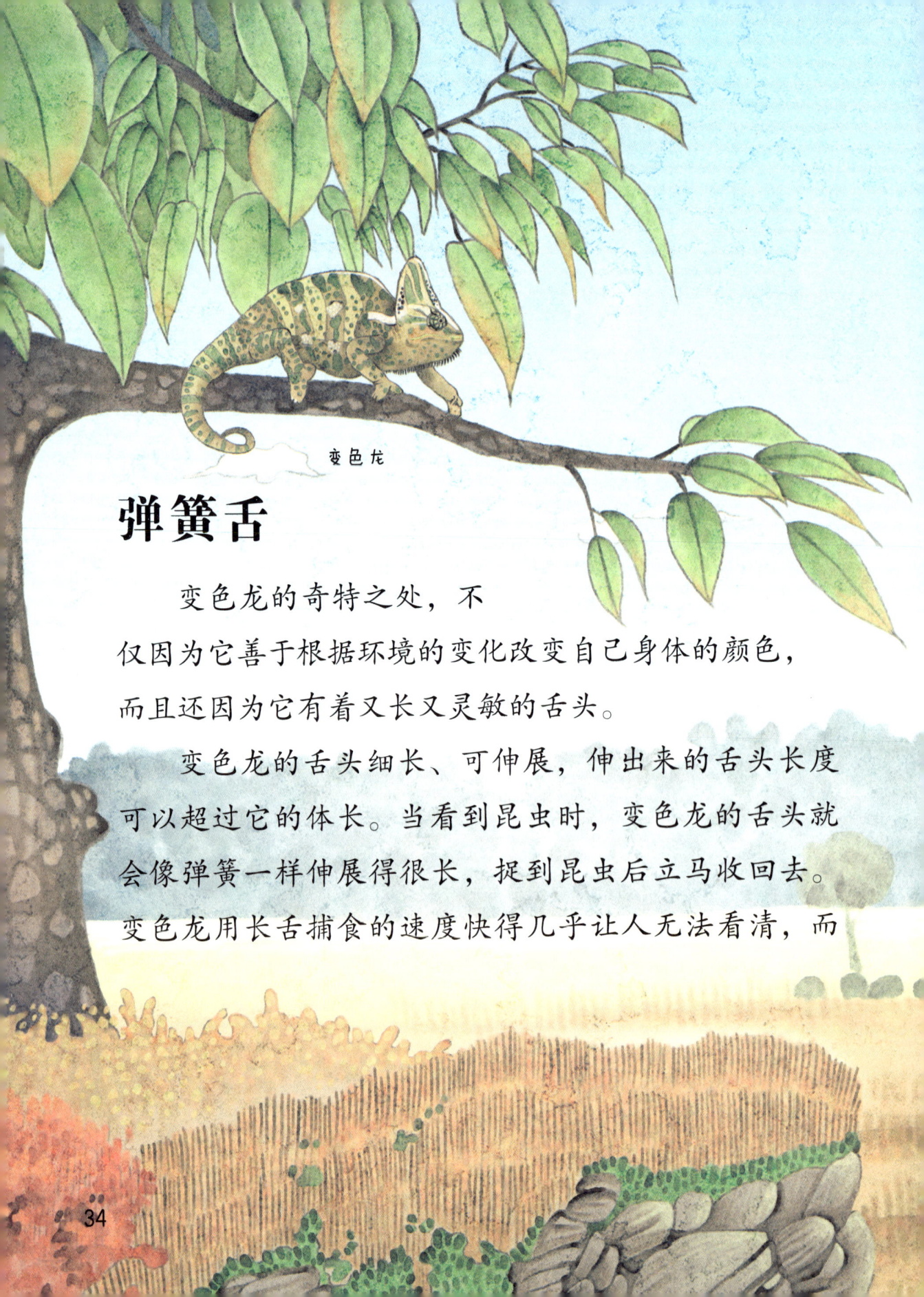

变色龙

弹簧舌

变色龙的奇特之处，不仅因为它善于根据环境的变化改变自己身体的颜色，而且还因为它有着又长又灵敏的舌头。

变色龙的舌头细长、可伸展，伸出来的舌头长度可以超过它的体长。当看到昆虫时，变色龙的舌头就会像弹簧一样伸展得很长，捉到昆虫后立马收回去。变色龙用长舌捕食的速度快得几乎让人无法看清，而那只不幸的昆虫还没明白怎么回事，就被吃进变色龙的肚子里了。

变色龙行动十分缓慢，而它们的食物——昆虫大多数会飞，而且行动敏捷。正是依靠这样独特的长舌以及变色能力，变色龙成为生物界奇特的存在。

哲学思考

"物竞天择，适者生存"。外部环境会促使生物做出对自己有利的反应。适应是一种挑战，是一个战胜自我、完善自我、超越自我的过程。正是在不断地适应中，才能坚定意志、丰富阅历，不断成长，不断成熟。

变色龙用长舌捕食。

35

空中强盗

在南极有一种鸟叫贼鸥，它的名声很坏，被称为"空中强盗"。

贼鸥是飞行能手，它的嘴上有钩，十分凶猛。贼鸥专门偷窃其他鸟类的蛋和雏鸟吃，甚至在空中拦截其他鸟类，从

贼鸥

企鹅保护着自己的孩子。

它们的嘴里抢夺食物。贼鸥还会采用霸道的手段，抢占其他鸟类的巢穴。

　　贼鸥的祖先养成了这种霸道的习性，这种习性又一代代地传下去。不过，无论贼鸥飞到哪里，都不受欢迎，其他鸟类会一起驱赶它们，毕竟谁也不喜欢偷东西的贼！

哲学思考

　　事物是相互联系、相互影响的，"近朱者赤，近墨者黑"。动物的很多行为是跟随父母习得的，人也一样。家庭是人出生后接受教育的第一场所，父母的言行举止影响着孩子的品性。所以，想要孩子有好的品性，父母应该以身作则，发挥榜样的力量。

是鸟还是兽

　　澳大利亚被称为"世界活化石博物馆"，那里有很多稀奇古怪的动物，鸭嘴兽就是其中的一种。

　　从鸭嘴兽的长相来看，很难确定它是鸟还是兽。鸭嘴兽长着鸭子一样的嘴，跟鸟一样下蛋，却没有翅膀；身体长得像海狸，爪子却像鸭子一样有脚蹼。

　　鸭嘴兽是地球上长相最奇特的动物之一，数量较少，是澳大利亚独有的动物。

　　许多动物都是从别的种类的动物演变而来的，鸭嘴兽其实是一种未完全进化的哺乳动物，始终在"过渡阶段"徘徊，充满了神秘感。

鸭嘴兽

哲学思考

生命的存在是一个伟大的奇迹。地球从一片荒芜到如今的生机盎然，经历了亿万年的演化，如今能存在的每一个生命都可以称为"奇迹"。

鸭嘴兽的蛋

潜到海底两千米

　　抹香鲸头部巨大，下颌较小，体长可达 18 米，是体形最大的齿鲸。抹香鲸潜水能力极强，是潜水能手，可以到达 2000 多米深的海底。海水是有重量的，如果人潜到这个深度，是会被压成碎片的。

　　抹香鲸之所以能承受海水的巨大压力，是因为它身体内外部压强能够保持在肌体可以承受的范围，并且进化出了能适应海水压力的器官。

　　抹香鲸跟人一样，也是用肺呼吸的，它需要经常到水面上呼吸氧气。那么，当它潜到水下 2000 多米时，是怎样呼吸的呢？答案是，不呼吸！抹香鲸可以在水

抹香鲸大战巨型乌贼。

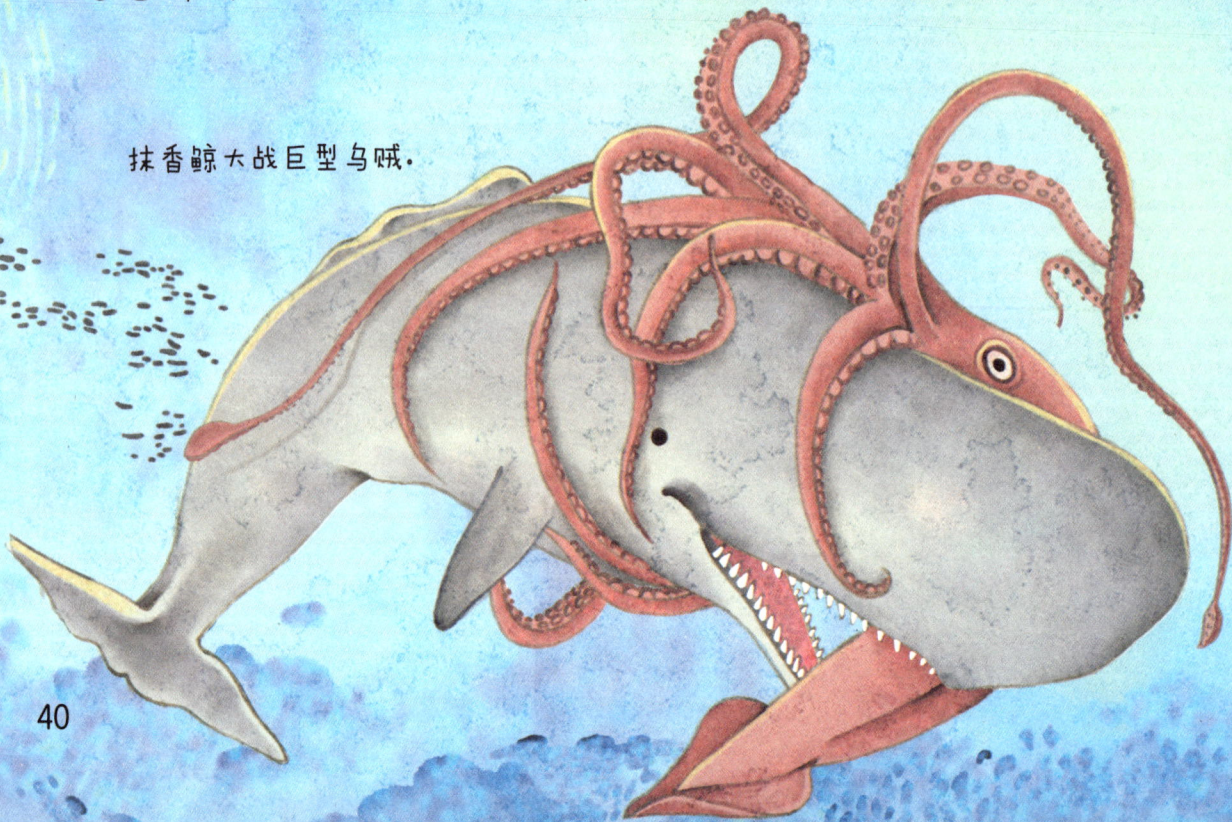

下憋气两个多小时。

　　抹香鲸为什么要潜到那么深的海底呢？因为那里可以找到更多、更大的猎物，比如巨型乌贼和章鱼。

　　大多数动物到不了那么深的海底，抹香鲸深潜到海底，就可以尽情享受喜欢的食物了。

哲学思考

　　走得越远，越能看到别人看不到的风景。想要走得更远，就需要付出更多的努力，克服更多的困难。

历尽艰险回故乡

大麻哈鱼出生在江河淡水中，却在海洋中长大。每年秋天是大麻哈鱼溯河而上的时节，在我国黑龙江、乌苏里江等河流里可以看到这些大麻哈鱼。它们从遥远的海洋里，经过几个月的时间，千里迢迢洄游到自己的出生地——淡水河流中。

一路上，大麻哈鱼经历了无数艰难险阻。在洄游的路上，它们会遇到很多高落差的水流，如瀑布等。有时，它们也会遇到一些天敌，比如棕熊、鹰。所以，能够到达出生地的大麻哈鱼都是幸运的。

棕熊在捕捉大麻哈鱼。

大麻哈鱼为什么要冒着生命危险回到出生地呢？这主要是因为大麻哈鱼的卵要在淡水中才能生存，它们要让自己的后代在这里顺利出生。

　　大麻哈鱼洄游到江河后，由于突然接触淡水，它们的身体要适应缺盐的环境，这对它们来说是一个生死考验。所以，一般情况下，大麻哈鱼进入江河后就会停止进食，依靠体内贮存的能量维持生命。大部分大麻哈鱼在产卵后很快就会死去，它们甚至无法看到自己千辛万苦产下的后代。

小鱼孵化以后，又会顺水而下，游到大海里生活。等它们成熟、产卵的时候，又会洄游到它们的出生地，完成繁衍后代的任务。

在浩瀚的大海里，大麻哈鱼是怎样辨别方向、找到回故乡的路呢？有研究显示，大麻哈鱼的大脑中有一种铁质微粒，像指南针一样，能够帮助它们准确找到前进的方向。

哲学思考

大麻哈鱼明知路途充满艰险，却依然一往无前，坚持回到出生地产卵，这是一种执着精神。执着是一种为达目标绝不言弃的精神，也是一种咬定青山不放松的坚持。执着有时可能看似固执、拘泥，但也是很多人取得成功必不可少的条件。

万 物 有 哲 学

蜕变与成长

严春友 文

央美阳光 图

青岛出版集团 | 青岛出版社

图书在版编目（CIP）数据

万物有哲学.3,蜕变与成长 / 严春友文；央美阳
光图. -- 青岛：青岛出版社,2023.3

ISBN 978-7-5736-0828-4

Ⅰ.①万… Ⅱ.①严… ②央… Ⅲ.①哲学 - 儿童读
物 Ⅳ.①B-49

中国国家版本馆CIP数据核字(2023)第024573号

书　　　名	**万物有哲学** WANWU YOU ZHEXUE	
分　册　名	蜕变与成长	
文　　　字	严春友	
插　　　图	央美阳光	
出 版 发 行	青岛出版社	
社　　　址	青岛市崂山区海尔路 182 号（266061）	
本 社 网 址	http://www.qdpub.com	
邮 购 电 话	0532-68068091	
责 任 编 辑	王　佳	
特 约 编 辑	范雪麒　刘炳耀	
印　　　刷	青岛新华印刷有限公司	
出 版 日 期	2023 年 3 月第 1 版　　2023 年 3 月第 1 次印刷	
开　　　本	16 开（787 mm × 1092 mm）	
印　　　张	12	
字　　　数	200 千	
书　　　号	ISBN 978-7-5736-0828-4	
定　　　价	128.00 元（全 4 册）	

编校印装质量、盗版监督服务电话 4006532017 0532-68068050

序言

本书展示了青蛙、蜻蜓、蝉、蝴蝶和鸟这五种动物的成长过程，它们各自不同的生存智慧给人以启迪。

从生长过程看，不同动物的繁殖方式、栖息环境、生存技能等各不相同。每种动物都有独特的生存本领，来保证种族的延续。

这些动物从受精卵长成动物宝宝，再到成年，冒着无数次被其他动物吃掉的风险，能够活下来算是幸运。

动物宝宝的生存本领，那可是人类宝宝无法相比的。许多动物出生不久就可以独自谋生了：小鹿生下来几个小时就可以奔跑，野鸭一孵化就会游泳……不仅如此，很多动物，特别是低等动物的宝宝，甚至可以脱离父母，独立成长。

人类宝宝可就不同了，如果没有父母的照顾，很难存活；而要长大成人，更需要长达十几年的养育。

人类的智慧和力量是强大的，但人类也有自己的短处；动物的智慧和力量或许不能与人类相比，可是它们也有自己的长处。

事情总是这样的，你在某些方面有长处，也在另外的方面有短处。人无完人，事无全善，唯有不全，方能成长。

目 录

了不起的青蛙爸爸

　　水对于青蛙来说非常重要。

　　通常，青蛙妈妈会把卵产在池塘或河流里的水草中，然后离开，留下卵自己在那里生长。

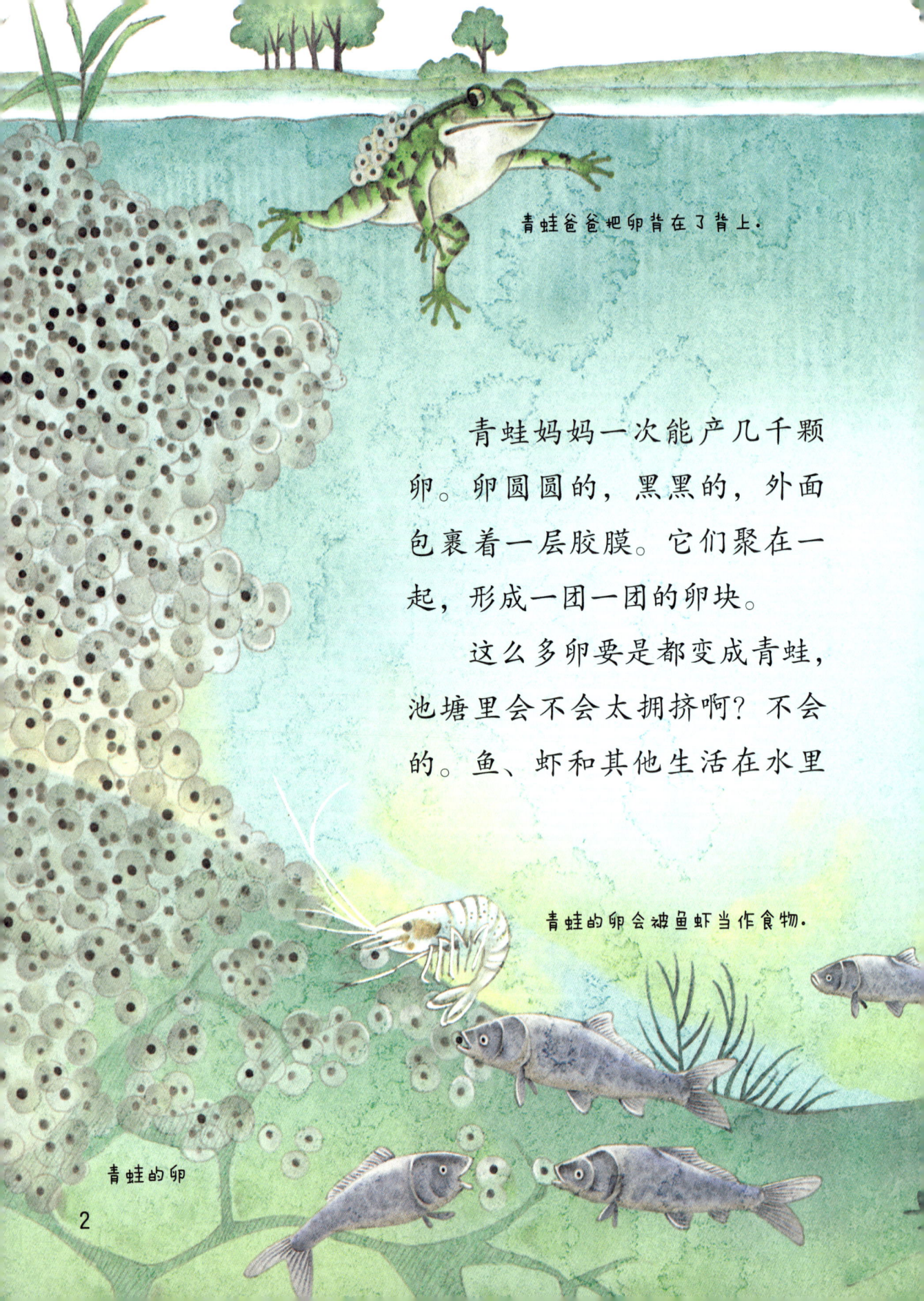

青蛙爸爸把卵背在了背上。

青蛙妈妈一次能产几千颗卵。卵圆圆的，黑黑的，外面包裹着一层胶膜。它们聚在一起，形成一团一团的卵块。

这么多卵要是都变成青蛙，池塘里会不会太拥挤啊？不会的。鱼、虾和其他生活在水里

青蛙的卵会被鱼虾当作食物。

青蛙的卵

的动物会把蛙卵当作食物，所以，那几千颗卵最后能剩下一百颗就不错了。

　　有时候青蛙爸爸为了保护宝宝，会把卵带在身上，不过，"随身携带"的卵数量比较少，也就几十颗。

达尔文蛙爸爸特别称职。蛙妈妈产下卵以后，蛙爸爸会守在卵旁边，等到它们变成小蝌蚪时，把它们"吃"到嘴里，让它们在自己的声囊里生长。

当小蝌蚪变成小蛙后，蛙爸爸会把它们吐出来，小达尔文蛙从此开始自食其力地生活。

箭毒蛙

箭毒蛙爸爸照顾宝宝也很用心，它会把蝌蚪"穿"在自己身上。小蝌蚪们紧紧地附着在蛙爸爸的皮肤上，看上去像给蛙爸爸穿了一件暖和的大衣。

哲学思考

爱存在多样性。有些爱很容易感受到：一份精心准备的礼物、一个大大的拥抱……有些爱却不容易被发现，比如深沉、厚重的父爱。就如青蛙爸爸尽力保护着卵，我们的父亲也全力爱护着我们，这份爱也许因为过于含蓄而常常被我们忽略。但仔细看、认真想，就会发现父爱就围绕在我们身边。就如同高尔基所说："父爱是一部震撼心灵的巨著，读懂了它，你就读懂了人生。"

从蛙卵到青蛙

蛙卵在水里经过四五天的发育，就变成了小蝌蚪。

小蝌蚪像鱼一样有长长的尾巴，可以在水中游动；还有鳃，可以在水里呼吸。

小蝌蚪先长出眼睛和鼻孔，然后再长出嘴。有了嘴以后，它们就可以吃浮游生物了，有时也会成群地啃食蚯蚓的尸体。

从卵到蝌蚪

发育到一定时期，小蝌蚪开始长出后腿，接着长出前腿。

现在，它的身子已经变得像青蛙了，它也开始将头露出水面呼吸，只是后边还拖着一条长尾巴。

不久，小蝌蚪的尾巴消失了，它就变成了一只水陆两栖的小青蛙。

从小蝌蚪变成小青蛙，要经过两三个月的时间。

长出两条前腿

长出两条后腿

  这时，小青蛙可以在陆地上生活了。不过，一旦遇到危险，它就会跳回水里，这时它会用皮肤呼吸。

  青蛙的皮肤可以直接吸收水和氧气，但在空气中却无法阻止其体内水分的流失。长时间暴露在干燥的环境中，青蛙可能会因为身体缺水而死掉，因此，青蛙不能离开水太久。

哲学思考

  成长，既容易又艰难。从蝌蚪变成青蛙，只需要两三个月的时间，看起来很轻易，实际却充满了坎坷与艰难，因为并不是所有蛙卵都能顺利变成青蛙。动物的生存与成长需要依赖一定的条件：小蝌蚪有了青蛙爸爸的照顾会更容易存活；小蝌蚪需要在水中成长到一定阶段，才能登上陆地，但之后也要经常回到水中才行。

  同时，成长也是一个从依赖到独立的过程。小蝌蚪离开爸爸的照顾后，慢慢地长出了嘴巴，可以自己吃东西，又渐渐地长出四条腿，可以自由地跳跃、捕食了。

蛙声一片

青蛙拥有很多高超的本领。

青蛙擅长捕捉昆虫。它头顶上的眼睛大大的，像两个电灯泡，能看见很小的昆虫。捕食时，青蛙会隐藏在草丛里一动不动，当有昆虫飞过，它就张开大嘴，伸出长长的舌头，把昆虫卷进嘴里。

青蛙也是跳远能手。它的后腿长而有力，一蹦能跳出一两米远。

青蛙还是歌唱家。每到炎热的夏天，傍晚的池塘边、草丛中常常响起青蛙嘹亮的歌声——呱呱！呱呱！……一般来说，雄性青蛙的叫声更响亮，因为它们的喉部有气球一样的声囊，能够起到共鸣的作用。

哲学思考

　　孟子有言："人之所不学而能者，其良能也；所不虑而知者，其良知也。"我们不用学习就会的，叫作"良能"，不用思考就知道的，叫作"良知"。良能、良知是我们天生就拥有的，就像小青蛙从父母那里遗传了大眼睛、长舌头和长腿，它天生就知道昆虫是它的食物，天生就会伸长舌头捕食。天生的本领其实是自然选择的结果。至于怎样生活，是否能够终其天年，就全靠它自己了。

蜻蜓点水

有一个成语叫"蜻蜓点水"，是指蜻蜓在水面飞行时用它的尾部轻触水面的动作。

蜻蜓为什么要点水呢？

原来，它是在产卵。

蜻蜓常把卵产在水中或水草叶子上。卵会在水中孵化，孵化出来的若虫也会在水中生长。

几天之后，若虫从卵里钻了出来。这时，它全身还包裹着一层薄薄的膜，无法自由活动。

　　随后，它的背部裂开一条缝，它从这层膜中"蜕皮"而出，露出了头和六条腿。

　　若虫没有翅膀，不过，它将努力一步步变成漂亮的蜻蜓。

若虫不断地蜕皮，每蜕一次就长大一点儿，腹部越来越细，胸部越来越厚，并长出了小小的翅鞘。

它平时藏在密集的水草里，提防着鱼和水鸟来捉自己。

它会捉孑孓、蜗牛等小型动物来吃，也会吃蚯蚓的尸体。

蜻蜓若虫蜕皮

蜻蜓的若虫也叫"水虿"。

13

它通过尾部（肠子）来呼吸，还会用尾部向外喷水来推动自己前进，因此，平时多为爬行的它，遇到敌袭时会像喷气的火箭那样迅速游走逃开。

　　经过6~15次蜕皮后，它才能变为蜻蜓。

　　终于到了这个最重要的时刻。趁着天黑，它从水里爬到水草枝或岩石上，准备脱掉最后一层"外衣"。

它将背部坚硬的外壳撑开一条缝，从这条缝里探出脑袋，然后，将上半身连同翅膀一起拔出来。休息片刻后，它会猛地一翻，将尾巴从壳里拔出来。

这时，它的翅膀还是皱皱巴巴的。慢慢地，翅膀就像伞那样撑开了，渐渐变透明，渐渐变硬，可以展开平放在身体的两侧。

就这样，一只美丽的蜻蜓诞生了。

哲学思考

"生命中唯一不变的就是变化。"变化带来成长。蜻蜓经过一次次蜕皮，终于能舒展翅膀成功飞翔，蜕皮就是蜻蜓的磨炼。人生也是如此，磨砺是人生的必修课，经过千锤百炼，方能坚强成长。

蜻蜓羽化的过程

白尾灰蜻

蜻蜓飞舞

蜻蜓的眼睛特别大，看上去好像整个头部只有两只眼睛。

实际上，那不是普通的两只眼睛，而是两万多只小眼睛合成的大眼睛。这样的眼睛叫作复眼。

蜻蜓的视野非常广阔。它的眼睛对移动的物体非常敏感，一个快速移动的物体很难被我们看清，但却能被蜻蜓轻松辨认。

侏红小蜻

蜻蜓的眼睛

眼睛的优势是蜻蜓成为飞行专家的原因之一。它不仅能够快速地爬升和下降，还可以横着飞，也可以在空中停留，直升机都无法跟它比。

不过，蜻蜓一般不在晚上飞行，因为它的复眼对亮度的要求比较高。

在闷热的夏天，尤其是下雨之前或雨停之后，蜻蜓常会成群结队地在空中飞来飞去，捕捉昆虫。

哲学思考

蜻蜓拥有敏锐的视力、高超的飞行技术，但却无法看清夜晚的路。生命没有十全十美，人也是如此。没有人尽善尽美，总会有或多或少的缺憾，不要因为这些缺憾而否定自己。老子说："天下莫柔弱于水，而攻坚强者莫之能胜，以其无以易之。"天下万物没有比水更柔弱的了，但是在攻坚克强方面，却没有能胜过水的。有时看似是局限和弱点的地方，反而存在着巨大的潜能，你觉得呢？

十二斑蜻蜓

蜕皮的蝉

蝉的童年

在炎热的夏天，常能听到蝉（又名"知了"）在树上不知疲倦地唱着歌。

蝉并不是从出生就生活在树上的，它要在土里度过漫长的童年。那它是怎样钻到泥土中的呢？

蝉妈妈会用它又尖又硬的尾巴，在树枝上钻出许多小洞，然后把卵产在里面。

蝉卵

由于洞眼儿太多，这根树枝会渐渐失去水分，变成脆弱的干树枝。

未孵化的蝉卵会在树枝内度过它们的第一个冬天。在这个过程中，蝉卵所在的树枝还可能会因为长时间的风吹雨打而掉落在地面上。

第二年五六月份，蝉妈妈放进树洞里的卵孵化出来，这就是若虫。之后，若虫会离开树枝，钻到泥土里。

　　若虫有一对强壮的前足，形状像钩子，可以在泥土里挖洞。

　　那若虫在地下吃什么呢？它有一根像针一样的嘴，可以插进植物的根系中吸食汁液。

刚孵化不久的若虫

秋天到了，天气越来越冷，若虫会钻到更深的土里过冬。等春天来了，它再往上移动，到树根附近生活。

若虫会这样在地下度过三五年时间，据说最长的要在地下待十七年。在这段漫长的时间里，它会经历多次蜕皮，每一次蜕皮后，体型会增大一些。在地下成熟以后，若虫就要开启地上的生活了。

哲学思考

蝉的若虫需要在暗无天日的地下蛰伏多年，等到身体发育完全才会爬出地面。其实，人也像蝉一样，在成功之前要默默地汲取营养、积蓄力量、提升才能，最后才能把握时机，一鸣惊人。

进食的若虫

经历过蜕皮的若虫

蝉的夏天

六月，天气渐渐炎热，住在地下的成熟若虫也活动起来了。它用弯钩一样的前足挖出一个洞口，从地下钻出来，然后爬到附近的树上准备蜕壳。

这时的若虫外壳较硬，它必须脱掉这身"衣服"，才能成为蝉，才能飞。

不过，脱掉外壳的这段时间是十分危险的，因为它距离地面很近，又无法移动，所以很容易被其他动物吃掉。

当若虫外壳的背部出现了一条裂缝时，蜕壳的过程就开始了。

爬出地面的成熟若虫

24

随着裂缝越来越宽，蝉的头部和背部从里边露了出来。然后，它用前足使劲一蹬，整个身子从外壳里爬了出来。

刚蜕壳的蝉嫩嫩的，有的是乳白色的，有的是绿色的。它的翅膀皱皱的，还没有展开。仅仅过了一会儿，它的翅膀就像被电熨斗熨过了一样，伸展在身体两侧。

正在蜕壳的蝉

刚蜕壳的蝉

不过，这个时候要是被癞蛤蟆盯上就糟糕了，它会用长舌头把蝉卷到嘴里吃掉。所以，蝉要快快飞走。

蝉蜕

25

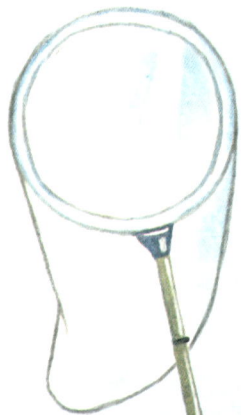

过上一个小时左右，当蝉的翅膀变硬了，身体的颜色变深了，它就可以起飞了。它飞到了高高的树上，只在树干上留下了一个空壳——蝉蜕。

雄蝉会"唱歌"，它的肚子上有一个"哨子"，叫起来震天响。雌蝉不会鸣叫，它听见哪只雄蝉唱得好听，就会飞过去跟它交朋友。

不过，蝉的歌声要是被乌鸦听到就糟了，它会将蝉捉回家去喂它的小宝宝。

鸣叫的蝉

两个月过去了，雄蝉的叫声越来越小，最后只能断断续续地发出低沉的声音。

秋风吹起时，蝉已经老了，再也没有力气抓住树枝了。它从树上掉了下去，如同飘落的树叶。

蝉在夏天开始时来到地面上，在夏天结束时死去。蝉在地面上的生命是短暂的，但它的声音却响彻了整个夏天。

哲学思考

蝉鸣是有风险的，但蝉不会因此沉默，因为它心存信念和目标。人也应该如此，无论处于什么境地，都应该怀揣梦想，坚守信念，为目标而拼搏，哪怕遇到艰难险阻，也不轻易放弃。

27

"会飞的花朵"

从前，一个叫庄周的人梦见自己变成了蝴蝶，在空中快乐地飞舞。此时，他完全忘记了自己是庄周。过了一会儿，他从梦中醒来，发现自己是庄周，而不是蝴蝶。他想了很久也没明白，究竟是庄周做梦变成了蝴蝶，还是蝴蝶做梦变成了庄周。

蝴蝶是一类漂亮的昆虫，有鲜艳的颜色、好看的图案，有人称蝴蝶为"会飞的花朵"。

有一种特别有名的蝴蝶，叫光明女神闪蝶，被誉为世界上最美丽的蝴蝶。它的翅膀背面是梦幻的蓝色，扇动时光华流转，美得如精灵一般。

可是谁能想到，它小时候是一只不起眼的毛毛虫呢！

哲学思考

很多人认为美和丑是对立的，所以，看见蝴蝶会赞叹，看见毛毛虫会尖叫。然而，看似不起眼的毛毛虫却变成了美丽的蝴蝶，所以，美和丑并不是一成不变的。如果你现在处于"毛毛虫"阶段，不要因为自己的不起眼而自卑，而要乐观、努力、坚强地生活，你怎么知道自己不会蜕变成美丽的蝴蝶呢？

光明女神闪蝶

破茧成蝶

毛毛虫的身体长长的，有的长着密密的刚毛；有的背上有各种图案，色彩鲜艳。

毛毛虫的肚子底下有成对的足，让它能够抓住树叶、树枝，从一个地方爬到另一个地方。

毛毛虫的这一身打扮可不是用来呼朋引伴的，而是用来吓唬天敌的。这是为什么呢？

因为毛毛虫没有锋利的爪子，也跑不快，又不会飞，就得想办法吓退想吃它的动物。

毛毛虫身上的颜色、图案和毛刺，都是要告诉鸟儿和螳螂：我的肉可不是轻易能吃到的，离我远点儿！

你瞧，毛毛虫也很聪明呢！

螳螂

31

它还会用伪装来保护自己。尺蛾的幼虫长得像树枝；凤蝶的幼虫是绿色的，身上有斑点，看起来像鸟粪；还有的毛毛虫颜色与叶子一样，藏在叶子底下很难被发现。

　　毛毛虫会努力地保护自己，争取成长为美丽的蝴蝶。

　　不过，要想变成蝴蝶，它还得使劲地吃。吃得胖了，毛毛虫的"衣服"就显得小了，这时它会换新的"衣服"——蜕皮。

　　它从后背撑开一条裂缝，从里边爬出来，就把旧"衣服"脱下来了。

凤蝶的幼虫

刺蛾的幼虫

尺蛾的幼虫

经过四五次蜕皮以后，毛毛虫会找一个隐秘的地方，脱掉"外衣"，变成蛹。

毛毛虫会用丝把自己固定在树枝或叶子上。安顿下来以后，它逐渐蜕下表皮，变成了一只蛹。蛹的外壳非常坚硬，颜色也较深，多数是绿色或褐色，便于更好地融入环境、隐藏自己，防止被天敌发现。

蛹不吃不喝，静静地挂着，但它的身体里正发生着巨大的变化，它将会变成一个与以往完全不同的生命。

关键的时候到了！蛹的身体开始剧烈地抖动。随着抖动，蛹的皮肤裂开了，它用力地挣扎着，

蝴蝶的结蛹和羽化

　　先露出了头部和两条腿，接着拽出了另外四条腿和翅膀。

　　慢慢地，它的翅膀变硬，可以完全展开了，翅膀上的花纹和斑点清晰起来。一只漂亮的蝴蝶诞生了。

哲学思考

　　在破茧而出之前，蝴蝶曾是毛毛虫，但并不是所有毛毛虫都会变成蝴蝶，只有冲破束缚，经历破茧的挣扎、蜕变的痛苦，才能舒展翅膀，飞向花丛。

蝴蝶的花纹与"新生"

天亮了，蝴蝶抖了抖翅膀，飞向了花丛，去寻找同伴。

蝴蝶怎样知道谁是它的同伴呢？——通过它们身上的图案可以辨认出来。

蝴蝶有各种各样的图案，这些图案不仅是它们的"身份证"，让它们可以借此知道谁是同类；还是它们的"防护服"，让它们能够隐藏和保护自己，避免受到其他动物的攻击。

枯叶蛱蝶

拟斑脉蛱蝶

金凤蝶

蛇眼蛱蝶

有的蝴蝶可以活好几个月，有的只能活几个星期。在或长或短的生命中，它们有一项重要的任务：繁殖后代。

蝴蝶妈妈会把卵产在树叶或树干上，这样，待毛毛虫出生后，就可以吃树上的叶子，而不用费力去寻找食物了。

这些卵在树上沉睡着，吸收营养，积蓄力量，然后突破卵壳变成毛毛虫，重新开始爸爸妈妈走过的生命路程。

哲学思考

德国哲学家费希特曾说："对我自己而言，死亡之时就是一种崭新的、更壮丽的生命诞生之时。"动物都会面临死亡，但是也可以通过繁衍后代使物种得以延续。从毛毛虫到破茧成蝶，接着繁育后代、迎接死亡，一只蝴蝶的生命走向终结，但另一只蝴蝶迎来了生命的开端。生命不息，变化不止，我们总是要走向下一个征程。告别过去，才能迎来新开始。

猫头鹰蝶

枯叶蛱蝶

新月带蛱蝶

鹤顶粉蝶

素弄蝶

蓝闪蝶

红带袖蝶

美凤蝶

红斑翠蛱蝶

鸟鸣嘤嘤

　　春天来了，天气暖洋洋的。小草伸了伸腰，从土里钻出来，像是要呼吸一下新鲜的空气。柳树吐出嫩嫩的绿芽，像是要尝一尝春风的味道。

　　高高的树顶上，一只白头翁在歌唱。过了一会儿，另一只白头翁飞了过来。它们找来细细的树枝和干草，在树杈上搭了一个窝。这就是它们的家了。

　　不久，白头翁妈妈在鸟窝里产下了四颗蛋。

　　要孵出小宝宝，就得让鸟蛋保持温暖。白头翁妈妈和爸爸轮流伏在鸟蛋上，用羽毛和身体温暖着鸟蛋。

大自然是严酷的。并不是所有鸟蛋都能顺利孵化。一天晚上，刮起了狂风，下起了暴雨。大树摇晃得厉害，一颗鸟蛋掉到地上摔碎了，白头翁爸爸妈妈一点儿办法也没有。

大自然也是神奇的。一动也不会动的鸟蛋里会生出一只活蹦乱跳的小鸟！鸟蛋里有蛋白和蛋黄，经过两个星期左右的孵化，蛋白和蛋黄变成了小鸟的脑袋、身子、翅膀和腿。

咔嚓嚓！一颗鸟蛋发出了声响。蛋壳破了，小鸟的嘴露出来了，原来是它啄破了蛋壳。

　　接着，另外两只小鸟也啄破蛋壳爬了出来。

哲学思考

　　《周易》有言："天地之大德曰生。"意思是天地最大的美德是孕育和承载生命。因为生命的诞生并不是轻而易举的，也不是一帆风顺的。它要走过从无到有的历程，经过孕育和成长，经历波折与挑战。因此，每一个生命都应该被尊重、被珍惜，毕竟每一个生命都是独特的、可贵的、不可重复的。

一路成长

　　刚出生的小鸟浑身红红的、肉乎乎的，几乎没有毛；一双眼睛还只是两个青青的鼓包，没有睁开；嘴是黄色的，头上光秃秃的。

　　白头翁爸爸妈妈每天到田野上去找虫子给小鸟吃。

　　三五天后，小鸟睁开了眼睛，第一次看到了爸爸妈妈；身上也渐渐长出了羽毛，不再红红的了。

十多天后，小鸟身上的羽毛越来越密，越来越长。它们在窝里梳理羽毛，扇动翅膀，练习飞翔。

白头翁爸爸妈妈没办法一直待在家里，有时它们都要外出觅食。这样是很危险的，因为其他动物可能会趁机把小鸟叼走。

等到小鸟可以飞出鸟窝了，它们会跟随爸爸妈妈外出，学习怎样捕捉昆虫，辨别哪些是可以吃的食物。

出生二十天左右，小鸟学会了独自生活的本领，就该和爸爸妈妈告别了。

白头翁爸爸妈妈把它们带到离家很远的地方，告诉它们应该去远方寻找新的伙伴，过自己的生活了。

小白头翁鸣叫着，好像在哭泣，停在原地很长时间不愿意飞走，它们不想离开爸爸妈妈。

其实，爸爸妈妈也舍不得自己的宝宝。可是，如果孩子一直待在父母身边，就永远长不大。

　　白头翁爸爸妈妈再次跟孩子告别，飞向了天空……

哲学思考

　　"父母之爱子，则为之计深远。"这句话出自《战国策》，意思是，父母疼爱子女，就要为他们考虑得长远些。这和白头翁等许多动物的育儿哲学不谋而合。父母对孩子的爱有很多种，热烈的、含蓄的、宽松的、严格的，当然也应该是深远的。"计深远"并不是为孩子扫除一切障碍，而是要培养孩子走向未来的能力与品质，例如自信、独立、善良、坚韧、担当……这样才能让孩子走得更长远，人生的道路更宽阔。